DR. OETKER

Brot Backen

 CERES

Brot ist ein Stück Lebenskraft. Ein Genuß, der vielfältig wie kaum ein anderer auf den Tisch kommt. Mehr als 2oo Brotsorten gibt es in Deutschland, eine Angebotspalette, die weltweit einzigartig ist. Was darüber hinaus tagtäglich in privaten Backstuben an knusprigen, herrlich duftenden Broten und Brötchen aus dem Ofen kommt, ist immer wieder einen Versuch wert. Da gibt es feine und pikante, süße und herzhafte, gefüllte und vollwertige Backideen, die alle nur darauf warten, endlich einmal ausprobiert zu werden.

Süße Brötchen und Brötchen

Gefüllte Brote und Brötchen

Ratgeber

Kein Bäcker kann in diesem Land heutzutage noch auf Sauerteig verzichten. Er ist einfach ideal zur Teiglockerung, und seine hochwertigen Bakterienkulturen sorgen dafür, daß die Kohlenhydrate des Mehls in Milchsäure umgewandelt werden, was dem fertigen, knusprig gebackenen Brot seinen unverkennbaren Geschmack gibt.

Hefeteig schmeckt frisch am besten. Wer einmal solch einen selbstgemachten Laib, der eben aus dem Ofen kommt, angeschnitten hat und ihn nur mit etwas Butter und Salz oder mit Schmalz gegessen hat, der weiß, wovon die Rede ist. Denn Hefeteig ist nicht so schwierig zuzubereiten, wie oft behauptet wird.

Zitronen-Apfel-Brot

(Foto Seite 8/9)

5oo g Weizenmehl (Type 4o5) 1 Päckchen Trockenbackhefe 3 TL Zucker 1 ½ TL Salz abgeriebene Schale von 1 Zitrone (unbehandelt)	in eine Rührschüssel sieben, mit sorgfältig vermischen
1 Becher (15o g) Crème fraîche 5o g zerlassene, abgekühlte Butter gut 15o ml lauwarme Milch	
	hinzufügen die Zutaten mit Handrührgerät mit Knethaken zunächst auf niedrigster, dann auf höchster Stufe in etwa 5 Minuten zu einem glatten Teig verarbeiten, an einem warmen Ort so lange gehen lassen, bis er sich sichtbar vergrößert hat
1 mittelgroßen Apfel 2 EL feingeschnittene Zitronenmelisse	schälen, vierteln, entkernen, grob raspeln
	beide Zutaten auf mittlerer Stufe unter den gegangenen Teig kneten, aus der Schüssel nehmen, gut durchkneten aus dem Teig 4 gleich große Kugeln formen, in eine Springform (Durchmesser 26 cm, Boden gefettet) legen den Teig nochmals so lange gehen lassen, bis er sich sichtbar vergrößert hat, den Teig mit
Wasser Sesamsamen Ober-/Unterhitze Heißluft Gas Backzeit	bestreichen, mit bestreuen etwa 2oo °C (vorgeheizt) etwa 17o °C (nicht vorgeheizt) Stufe 3–4 (nicht vorgeheizt) 4o–5o Minuten.

Leinsamenbrot

1oo g Leinsamen	in
1oo ml heißem Wasser	etwa 3o Minuten quellen lassen
25o g Roggenmehl	
(Type 174o)	
25o g Weizenmehl	
(Type 55o)	in eine Rührschüssel geben, mit
1 Päckchen	
Trockenbackhefe	sorgfältig vermischen
gut 1 TL Zucker	
gut 1 TL Salz	
3 EL Speiseöl	
etwa 25o ml (¹/₄ l)	
lauwarme Buttermilch	hinzufügen

die Zutaten mit Handrührgerät mit Knethaken
zunächst auf niedrigster, dann auf höchster Stufe
in etwa 5 Minuten zu einem glatten Teig verarbeiten, gegen Ende der Knetzeit den gequolle-
nen Leinsamen unterkneten
den Teig an einem warmen Ort so lange gehen
lassen, bis er sich sichtbar vergrößert hat, aus der
Schüssel nehmen, gut durchkneten
aus dem Teig ein ovales Brot formen, auf ein
gefettetes Backblech legen, nochmals an einem
warmen Ort gehen lassen
die obere Seite des Teiges mehrere Male etwa 1 cm
tief einschneiden
den Teig nochmals so lange an einem warmen Ort
gehen lassen, bis er sich sichtbar vergrößert hat,
mit

Wasser	bestreichen, in den Backofen schieben, den Teig während des Backens ab und zu mit Wasser bestreichen
Ober-/Unterhitze	etwa 2oo °C (vorgeheizt)
Heißluft	etwa 17o °C (nicht vorgeheizt)
Gas	etwa Stufe 3–4 (vorgeheizt)
Backzeit	etwa 1 Stunde.

Speckbrot

15o g durchwachsenen Speck	in Würfel schneiden, auslassen, kühl stellen Teig aus
1 Beutel (5oo g) aus 1 Packung Weizen-Mischbrot 1 Päckchen Trockenbackhefe 3oo ml + 2 EL lauwarmem Wasser	nach Vorschrift auf der Packung zubereiten, gehen lassen den Teig mit
Weizenmehl	bestäuben, aus der Schüssel nehmen, gut durchkneten dabei den abgekühlten Speck,
1oo g Röst-Zwiebeln (fertig gekauft)	unterkneten den Teig zu einem länglichen Brot formen auf ein gefettetes Backblech legen die obere Seite des Teiges mehrere Male 1 cm tief einschneiden (nicht drücken) den Teig nochmals so lange an einem warmen Ort gehen lassen, bis er sich sichtbar vergrößert hat, den Teig mit
Wasser	bestreichen
Ober-/Unterhitze	etwa 2oo °C (vorgeheizt)
Heißluft	etwa 18o °C (nicht vorgeheizt)
Gas	Stufe 3–4 (vorgeheizt)
Backzeit	4o–5o Minuten.

Roggenbrot mit Kürbiskernen

75o g Roggen	fein mahlen, mit
2 Päckchen Trockenbackhefe	
2 Päckchen Sauerteig-Extrakt	sorgfältig vermischen
1 gestrichenen EL Meersalz	
1 gestrichenen EL gemahlenen Kümmel	
2 TL Honig	
gut 6oo ml lauwarmes Wasser	hinzufügen

alle Zutaten in der Küchenmaschine oder mit Handrührgerät mit Knethaken zunächst auf niedrigster, dann auf höchster Stufe in etwa 5 Minuten zu einem glatten Teig verarbeiten zuletzt

15o g geschälte Kürbiskerne	unterkneten

den Teig an einem warmen Ort so lange gehen lassen, bis er sich sichtbar vergrößert hat, ihn dann auf der Arbeitsfläche nochmals gut durchkneten, zu einem länglichen, ovalen Brotlaib formen, den Brotlaib auf ein gefettetes Backblech legen, abgedeckt an einem warmen Ort so lange gehen lassen, bis er sich sichtbar vergrößert hat, mit

Wasser	bestreichen
Ober-/Unterhitze	etwa 2oo °C (vorgeheizt)
Heißluft	etwa 17o °C (nicht vorgeheizt)
Gas	Stufe 3–4 (vorgeheizt)
Backzeit	4o–45 Minuten
Ober-/Unterhitze	etwa 25o °C
Heißluft	etwa 22o °C
Gas	etwa Stufe 5
Backzeit	etwa 1o Minuten.

T I P *Das fertige Brot mit heißem Wasser bestreichen und noch 5–1o Minuten im ausgeschalteten Backofen stehenlassen.*

Kräuter-Gewürz-Brot

3oo g Weizen	fein mahlen
2oo g Roggen	mit
1 TL Korianderkörnern	
½ TL Fenchelsamen	
½ TL Anissamen	mittelfein mahlen
	die Zutaten mit
1 Päckchen	
Trockenbackhefe	
1 Päckchen	
Sauerteig-Extrakt	sorgfältig vermischen
1 gehäuften TL Salz	
4 EL Speiseöl	
etwa 35o ml	
lauwarmes Wasser	hinzufügen

alle Zutaten mit der Küchenmaschine oder mit Handrührgerät mit Knethaken zunächst auf niedrigster, dann auf höchster Stufe in etwa 5 Minuten zu einem glatten Teig verarbeiten kurz vor Beendigung der Knetzeit

3–4 EL gemischte,
gehackte Kräuter — unterarbeiten

den Teig an einem warmen Ort so lange gehen lassen, bis er sich sichtbar vergrößert hat, ihn dann auf der Arbeitsfläche nochmals gut durchkneten, rund formen, auf ein gefettetes Backblech legen, die Teigoberfläche gitterartig einschneiden und mit Wasser bestreichen, nach Belieben mit

getrockneten Kräutern,
Haferflocken oder
Sesamsamen — bestreuen

abgedeckt an einem warmen Ort nochmals so lange gehen lassen, bis er etwa doppelt so hoch ist, das Backblech in den Backofen schieben

Ober-/Unterhitze	etwa 2oo °C (vorgeheizt)
Heißluft	etwa 17o °C (nicht vorgeheizt)
Gas	Stufe 3–4 (vorgeheizt)
Backzeit	55–6o Minuten.

Während des Backens eine Schale mit heißem Wasser in den Backofen stellen.

Leinsamen-Sesam-Brot

5o g Leinsamen	
5o g Sesamsamen	in der Pfanne leicht rösten
	abkühlen lassen
3oo g Weizen	
15o g Dinkel	
1 TL Anissamen	fein mahlen
25 g Weizenkeime	
25 g Weizenkleie	
1 Päckchen	
Trockenbackhefe	hinzufügen, gut vermischen
1 TL Meersalz	
1 TL Honig	
etwa 375 ml (⅜ l)	
lauwarmes Wasser	hinzufügen

alle Zutaten in der Küchenmaschine oder mit
Handrührgerät mit Knethaken zunächst auf
niedrigster, dann auf höchster Stufe in 3–4 Minuten zu einem glatten Teig verarbeiten
die Leinsamen-Sesam-Mischung (2 Eßlöffel zum
Bestreuen zurücklassen) unterkneten
den Teig an einem warmen Ort so lange gehen
lassen, bis er sich sichtbar vergrößert hat, ihn dann
auf der Arbeitsfläche nochmals gut durchkneten,
zu einer Rolle formen, mit

Wasser	bestreichen

Teigoberfläche mit der zurückgelassenen
Leinsamen-Sesam-Mischung bestreuen
in eine mit

Butter oder Margarine	gefettete Kastenform (3o x 11 cm) legen

etwas andrücken
den Brotteig in der Form abgedeckt nochmals
etwa 2o–3o Minuten gehen lassen
ihn längs etwa 1 cm tief einschneiden

Ober-/Unterhitze	2oo–225 °C (vorgeheizt)
Heißluft	etwa 17o °C (nicht vorgeheizt)
Gas	etwa Stufe 4 (vorgeheizt)
Backzeit	etwa 5o Minuten.

T I P *Während des Backens eine Schale mit heißem Wasser auf den Boden des Backofens stellen.*

Sauerteigbrot

3oo g Weizen	mittelgrob schroten
2oo g Weizen	fein mahlen
	beide Zutaten mit
3oo g Roggen-	
vollkornschrot	
2oo g Roggenmehl	
(Type 115o)	in eine Schüssel geben, mit
2 Päckchen	
Trockenbackhefe	
2 Päckchen	
Sauerteig-Extrakt	sorgfältig vermischen
1 EL Salz	
etwa 75o ml (¾ l)	
lauwarmes Wasser	hinzufügen

alle Zutaten in der Küchenmaschine oder mit Handrührgerät mit Knethaken zunächst auf niedrigster, dann auf höchster Stufe in etwa 5 Minuten zu einem glatten Teig verarbeiten

den Teig an einem warmen Ort so lange gehen lassen, bis er sich sichtbar vergrößert hat, ihn dann auf der Arbeitsfläche nochmals gut durchkneten, zu einer Kugel formen

die Teigkugel in ein geflochtenes, unlackiertes, mit *Weizenvollkornmehl* ausgestreutes Weidenkörbchen legen

abgedeckt an einem warmen Ort nochmals so lange gehen lassen, bis sie sich sichtbar vergrößert hat

auf ein gefettetes Backblech stürzen

Ober-/Unterhitze	2oo–225 °C (vorgeheizt)
Heißluft	etwa 17o °C (nicht vorgeheizt)
Gas	etwa Stufe 4 (vorgeheizt)
Backzeit	etwa 1 Stunde.

T I P *Während des Backens eine Schale mit heißem Wasser auf den Boden des Backofens stellen.*

Roggenbrot *mit ganzen Weizenkörnern*

250 g Weizen	in
375 ml (³/₈ l) Wasser	geben, zum Kochen bringen, etwa 3 Minuten kochen lassen, zugedeckt über Nacht auf der Kochstelle stehen lassen (am nächsten Morgen sollen die Körner aufgeplatzt sein, andernfalls werden die Körner nochmals einige Minuten abgekocht) die abgekühlten Weizenkörner abtropfen lassen, die Flüssigkeit auffangen
400 g Roggen	mittelfein mahlen
400 g Roggenmehl	
(Type 1370)	mit
2 EL (20 g) Weizenkleie	
2 Päckchen	
Trockenbackhefe	
2 Päckchen	
Sauerteig-Extrakt	
2½ TL Meersalz	gründlich vermischen, die Flüssigkeit von dem Weizen mit
lauwarmem Wasser	auf 750 ml (³/₄ l) auffüllen, zu dem Mehl-Gemisch geben alle Zutaten in der Küchenmaschine oder mit Handrührgerät mit Knethaken zunächst auf niedrigster, dann auf höchster Stufe zu einem glatten Teig verkneten die Weizenkörner hinzufügen, etwa 1 Minute unterarbeiten den Teig an einem warmen Ort so lange gehen lassen, bis er sich sichtbar vergrößert hat, ihn dann auf der Arbeitsfläche nochmals gut durchkneten, eine Brotbackform (35 x 15 cm) mit
Butter	ausfetten, mit
Weizenkleie	ausstreuen den Teig zu einer Rolle formen, in die Form legen, andrücken, abgedeckt nochmals 20–30 Minuten gehen lassen
Ober-/Unterhitze	etwa 225 °C (vorgeheizt)
Heißluft	etwa 200 °C (nicht vorgeheizt)
Gas	etwa Stufe 4 (vorgeheizt)
Backzeit	etwa 1 Stunde.

das Brot auf ein Backblech stürzen, wieder in den
Backofen schieben

Ober-/Unterhitze	15o–175 °C
Heißluft	etwa 15o °C
Gas	Stufe 2–3
Backzeit	etwa 1 Stunde.

Landbrot

Aus

*125 g Weizenmehl
(Type 1o5o)
25o g Roggenmehl
(Type 115o)
2 gestrichenen TL Salz
1 Beutel
Sauerteig-Extrakt
1 Päckchen
Trockenbackhefe
etwa 4oo ml
lauwarmem Wasser*

nach der Vorschrift auf dem Beutel Sauerteig-
Extrakt einen Teig zubereiten, so lange gehen
lassen, bis er sich sichtbar vergrößert hat
den Teig mit Mehl bestäuben, aus der Schüssel
nehmen, gut durchkneten
aus dem Teig ein rundes Brot formen, auf ein
gefettetes Backblech legen
die obere Seite des Teiges kreuzweise etwa 1 cm
tief einschneiden
den Teig nochmals an einem warmen Ort gehen
lassen, bis er sich sichtbar vergrößert hat, mit

Wasser	bestreichen, mit
Weizenmehl	bestäuben, in den Backofen schieben
Ober-/Unterhitze	etwa 2oo °C (vorgeheizt)
Heißluft	etwa 17o °C (nicht vorgeheizt)
Gas	Stufe 3–4 (vorgeheizt)
Backzeit	etwa 5o Minuten.

Bayerisches Gewürzbrot

5oo g Weizen	fein mahlen
5oo g Roggen	mittelfein mahlen
	beide Mehlsorten mischen, mit
2 Päckchen Trockenbackhefe	
2 Päckchen Sauerteig-Extrakt	sorgfältig vermischen
2 schwach gehäufte TL Meersalz	
2 TL Kümmelsamen	
2 TL Fenchelsamen	
2 TL Anissamen	
1 TL gemahlenen Koriander	hinzufügen
etwa 75o ml (¾ l) lauwarmes Wasser	hinzugießen

alle Zutaten in der Küchenmaschine oder mit Handrührgerät mit Knethaken zunächst auf niedrigster, dann auf höchster Stufe in etwa 5 Minuten zu einem glatten Teig verarbeiten

den Teig an einem warmen Ort so lange gehen lassen, bis er sich sichtbar vergrößert hat, ihn dann auf der Arbeitsfläche nochmals gut durchkneten, zu einem runden Brotlaib formen

auf ein gefettetes Backblech legen

abgedeckt an einem warmen Ort nochmals so lange gehen lassen, bis er sich sichtbar vergrößert hat

den Brotlaib mit

Wasser bestreichen, mit

Weizenmehl bestäuben

das Backblech in den Backofen schieben

das Brot während des Backens zwei- bis dreimal mit kaltem Wasser besprenkeln

Ober-/Unterhitze	2oo–225 °C (vorgeheizt)
Heißluft	etwa 17o °C (nicht vorgeheizt)
Gas	etwa Stufe 4 (vorgeheizt)
Backzeit	etwa 8o Minuten.

Vitalbrot

2oo g Weizen	fein mahlen
1oo g Hafer	
1oo g Roggen	
1 TL Korianderkörner	
1 TL Fenchelsamen	mittelfein mahlen
	die Zutaten mit
1oo g Sojamehl	
2 EL Weizenkleie	
2 EL Weizenkeimen	
1 Päckchen	
Trockenbackhefe	
1 Päckchen	
Sauerteig-Extrakt	sorgfältig vermischen
1 gehäuften TL Salz	
etwa 4oo ml lauwarmes	
Wasser	hinzufügen
	alle Zutaten in der Küchenmaschine oder mit
	Handrührgerät mit Knethaken zunächst auf
	niedrigster, dann auf höchster Stufe in etwa
	5 Minuten zu einem glatten Teig verarbeiten
	kurz vor Beendigung der Knetzeit
5o g Leinsamen	
5o g Sonnenblumenkerne	
25 g Sesamsamen	unterarbeiten
	den Teig an einem warmen Ort so lange gehen
	lassen, bis er sich sichtbar vergrößert hat, ihn dann
	auf der Arbeitsfläche nochmals gut durchkneten,
	zu einer Rolle formen, in eine gefettete Kastenform
	(3o x 11 cm) legen, abgedeckt an einem warmen
	Ort nochmals etwa 3o Minuten gehen lassen,
	die Teigoberfläche drei- bis viermal schräg ein-
	schneiden, mit
Wasser	bestreichen
Ober-/Unterhitze	etwa 2oo °C (vorgeheizt)
Heißluft	etwa 17o °C (nicht vorgeheizt)
Gas	Stufe 3–4 (vorgeheizt)
Backzeit	55–6o Minuten.

T I P *Während des Backens eine Schale mit heißem Wasser auf den Boden des Backofens stellen.*

23

Sesambrot

5oo g Weizenmehl (Type 55o)	in eine Rührschüsel geben, mit
1 Päckchen Trockenbackhefe	sorgfältig vermischen
1 TL Zucker gut 1 TL Salz 25o ml (¼ l) lauwarmes Wasser	hinzufügen

5oo g Weizenmehl
(Type 55o)   in eine Rührschüsel geben, mit
1 Päckchen
Trockenbackhefe   sorgfältig vermischen
1 TL Zucker
gut 1 TL Salz
25o ml (¼ l)
lauwarmes Wasser   hinzufügen
die Zutaten mit dem Handrührgerät mit Knethaken
zunächst auf der niedrigsten, dann auf der höchsten Stufe in etwa 5 Minuten zu einem glatten Teig
verarbeiten, gegen Ende der Knetzeit

3 EL gerösteten
Sesamsamen   unterkneten
den Teig an einem warmen Ort so lange gehen
lassen, bis er sich sichtbar vergrößert hat, aus der
Schüssel nehmen, gut durchkneten
den Teig in eine gefettete Kastenform geben,
nochmals an einem warmen Ort gehen lassen, mit
Milch   bestreichen, mit
Sesamsamen   bestreuen, in den Backofen schieben
Ober-/Unterhitze etwa 2oo °C (vorgeheizt)
Heißluft   etwa 18o °C (nicht vorgeheizt)
Gas   Stufe 3–4 (vorgeheizt)
Backzeit   etwa 45 Minuten.

*Dazu passen Käse, Oliven und
Rotwein.*

Weizenkeimbrot

400 g Weizen	fein mahlen
100 g Weizenkeime	
1 Päckchen	
Trockenbackhefe	hinzufügen, sorgfältig vermischen
1 TL Salz	
5 EL Speiseöl	
etwa 400 ml	
lauwarmes Wasser	hinzufügen

alle Zutaten mit Handrührgerät mit Knethaken zunächst auf niedrigster, dann auf höchster Stufe in etwa 5 Minuten zu einem glatten Teig verarbeiten, an einem warmen Ort so lange gehen lassen, bis er sich sichtbar vergrößert hat, ihn dann auf der Arbeitsfläche nochmals gut durchkneten, zu einer Rolle formen, in eine gefettete Kastenform (30 x 11 cm) geben, etwas andrücken

den Teig abgedeckt an einem warmen Ort nochmals gehen lassen, bis er sich sichtbar vergrößert hat, die Teigoberfläche längs einschneiden, mit

Wasser	bestreichen
Ober-/Unterhitze	etwa 200 °C (vorgeheizt)
Heißluft	etwa 170 °C (nicht vorgeheizt)
Gas	Stufe 3–4 (vorgeheizt)
Backzeit	etwa 55 Minuten.

Buttermilchbrot

1 kg Weizen- vollkornschrot, fein	mit
2 Päckchen Trockenbackhefe	sorgfältig vermischen
2½ TL Meersalz	
etwa 75o ml (¾ l) lauwarme Buttermilch	hinzufügen

alle Zutaten in der Küchenmaschine zuerst auf der niedrigsten, dann auf der höchsten Stufe in etwa 5 Minuten zu einem glatten Teig verarbeiten

den Teig an einem warmen Ort so lange gehen lassen, bis er sich sichtbar vergrößert hat eine Brotbackform (35 x 15 cm) mit

Butter ausstreichen, den Boden nach Belieben mit *Weizenkeimen* ausstreuen

den Teig nochmals auf der Arbeitsfläche gut durchkneten, zu einer Rolle formen, in die Form legen, etwas andrücken

nochmals etwa 3o Minuten gehen lassen die Teigoberfläche mehrmals einschneiden, mit

Wasser	bestreichen
Ober-/Unterhitze	etwa 225 °C (vorgeheizt)
Heißluft	etwa 19o °C (nicht vorgeheizt)
Gas	etwa Stufe 4 (vorgeheizt)
Backzeit	etwa 45 Minuten

nach 45 Minuten Backzeit herunterschalten auf

Ober-/Unterhitze	etwa 175 °C
Heißluft	etwa 16o °C
Gas	etwa Stufe 3
Backzeit	etwa 45 Minuten.

27

Baguette

(Stangenweißbrot, 2 Stück)

5oo g Weizenmehl (Type 55o) 1 Päckchen Trockenbackhefe 1 gehäuften TL Salz 1 EL Speiseöl 125 ml (⅛ l) lauwarme Milch knapp 25o ml (¼ l) lauwarmes Wasser	in eine Schüssel sieben, mit sorgfältig vermischen hinzufügen

alle Zutaten in der Küchenmaschine oder mit Handrührgerät mit Knethaken zunächst auf niedrigster, dann auf höchster Stufe in etwa 5 Minuten zu einem glatten Teig verarbeiten den Teig an einem warmen Ort so lange gehen lassen, bis er sich sichtbar vergrößert hat, ihn dann auf der leicht bemehlten Arbeitsfläche gut durchkneten
zu 2 etwa 4o cm langen Rollen formen
auf ein mit Backpapier belegtes Backblech legen
abgedeckt an einem warmen Ort so lange gehen lassen, bis sich die Rollen sichtbar vergrößert haben
die Teigoberflächen mehrmals schräg einschneiden, mit

Wasser	bestreichen
Ober-/Unterhitze	etwa 225 °C (vorgeheizt)
Heißluft	etwa 2oo °C (nicht vorgeheizt)
Gas	etwa Stufe 4 (vorgeheizt)
Backzeit	etwa 25 Minuten.

TIP *Kurz vor Beendigung der Backzeit das Baguette nochmals mit Wasser bestreichen.*

Butter-Toastbrot

250 g Weizen	fein mahlen, mit
250 g Weizenmehl	
(Type 1050)	
1 Päckchen	
Trockenbackhefe	sorgfältig vermischen
1 gestrichenen TL	
Meersalz	
1 gehäuften TL Honig	
75 g weiche Butter	
1 Ei	
etwa 250 ml (¼ l)	
lauwarme Milch	hinzufügen

alle Zutaten in der Küchenmaschine oder mit
Handrührgerät mit Knethaken zunächst auf
niedrigster, dann auf höchster Stufe in etwa
5 Minuten zu einem glatten Teig verarbeiten
den Teig an einem warmen Ort so lange gehen
lassen, bis er sich sichtbar vergrößert hat, ihn dann
auf der Arbeitsfläche nochmals gut durchkneten,
eine Kastenform (30 x 11 cm) mit

Butter   ausfetten, den Teig zu einer Rolle formen, in die
Kastenform legen, etwas in die Form drücken
abgedeckt an einem warmen Ort nochmals
20–30 Minuten gehen lassen, die Teigoberfläche
mehrmals schräg einschneiden, mit

Wasser	bestreichen
Ober-/Unterhitze	etwa 200 °C (vorgeheizt)
Heißluft	etwa 170 °C (nicht vorgeheizt)
Gas	Stufe 3–4 (vorgeheizt)
Backzeit	etwa 50 Minuten.

Kastenweißbrot

5oo g Weizenmehl (Type 4o5)	in eine Rührschüssel sieben, mit
1 Päckchen Trockenbackhefe	sorgfältig vermischen
1 gestrichenen TL Zucker	
1 schwach gehäuften TL Salz	
2 Eier	
1 Eigelb	
etwa 125 ml (⅛ l) Milch	
1 Becher (15o g) Crème fraîche	hinzufügen

die Zutaten mit Handrührgerät mit Knethaken zunächst auf niedrigster, dann auf höchster Stufe in etwa 5 Minuten zu einem glatten Teig verarbeiten, an einem warmen Ort so lange gehen lassen, bis er sich sichtbar vergrößert hat, den Teig in eine gefettete, mit

Semmelbröseln ausgestreute Kastenform (3o x 11 cm) geben, ihn nochmals an einem warmen Ort so lange gehen lassen, bis er sich sichtbar vergrößert hat die obere Seite des Teiges der Länge nach etwa 1 cm tief einschneiden (nicht drücken), mit

Wasser	bestreichen
Ober-/Unterhitze	175–2oo °C (vorgeheizt)
Heißluft	etwa 17o °C (nicht vorgeheizt)
Gas	Stufe 3–4 (vorgeheizt)
Backzeit	4o–5o Minuten.

Roggenbrot mit Käse

Teig aus

375 g Roggen-
vollkornschrot
125 g Weizenmehl
(Type 4o5)
2 gestrichenen TL
Salz
1 Beutel
Sauerteig-Extrakt
1 Päckchen
Trockenbackhefe
2oo g Doppelrahm-
Frischkäse
etwa 4oo ml
lauwarmem Wasser

nach Vorschrift auf dem Beutel Sauerteig-Extrakt
zubereiten, gehen lassen
den Teig mit Mehl bestäuben, aus der Schüssel
nehmen, gut durchkneten, dabei

15o g Sonnenblumen-
kerne

unterkneten
aus dem Teig ein ovales Brot formen, auf ein
gefettetes Backblech legen
die obere Seite des Teiges mehrere Male 1 cm tief
einschneiden, mit

Wasser

bestreichen
mit

5o g Sonnenblumen-
kernen

bestreuen
den Teig nochmals so lange an einem warmen Ort
gehen lassen, bis er sich sichtbar vergrößert hat
in den Backofen schieben

Ober-/Unterhitze
Heißluft
Gas
Backzeit

etwa 2oo °C (vorgeheizt)
ewa 17o °C (nicht vorgeheizt)
Stufe 3–4 (vorgeheizt)
4o–5o Minuten.

T I P
*Während des Backens eine
Schale mit heißem Wasser
auf den Boden des Backofens
stellen.*

Roggenschrotbrot

	Am Vorabend
300 g Roggen- *vollkornschrot*	in eine Schüssel geben mit
300 ml lauwarmem *Wasser*	übergießen, über Nacht zum Quellen stehenlassen
450 g Roggen- *vollkornschrot*	mit
250 g Weizenmehl *(Type 550)* *2 Päckchen* *Trockenbackhefe* *2 TL Salz* *2 EL Rübenkraut* *(Sirup)* *100 ml Zitronensaft*	sorgfältig vermischen
gut 125 ml (⅛ l) *lauwarmes Wasser*	und den gequollenen Roggenschrotbrei hinzufügen alle Zutaten in der Küchenmaschine zuerst auf der niedrigsten, dann auf der höchsten Stufe in etwa 5 Minuten zu einem glatten Teig verarbeiten den Teig an einem warmen Ort so lange gehen lassen, bis er sich sichtbar vergrößert hat, ihn dann auf der Arbeitsfläche nochmals gut durchkneten, zu einem ovalen Brotlaib formen den Brotlaib auf ein gefettetes Backblech legen mit
Wasser	bestreichen, mit
etwa 80 g ganzen *Roggenkörnern*	bestreuen abgedeckt an einem warmen Ort nochmals so lange gehen lassen, bis er sich sichtbar vergrößert hat, das Backblech in den Backofen schieben
Ober-/Unterhitze	etwa 200 °C (vorgeheizt)
Heißluft	etwa 170 °C (nicht vorgeheizt)
Gas	Stufe 3–4 (vorgeheizt)
Backzeit	etwa 70 Minuten.

Roggenbrot *mit Salami*

25o g Roggen- vollkornschrot 25o g Weizenmehl (Type 55o)	in eine Rührschüssel geben mit
1 Päckchen Trockenbackhefe 1 TL Zucker 1 TL Salz etwa 25o ml (¼ l) lauwarmes Wasser	sorgfältig vermischen hinzufügen die Zutaten mit Handrührgerät mit Knethaken zu- nächst auf der niedrigsten, dann auf der höchsten Stufe in etwa 5 Minuten zu einem glatten Teig verarbeiten, gegen Ende der Knetzeit
15o g klein- geschnittene Salami	unterkneten den Teig an einem warmen Ort so lange gehen lassen, bis er sich sichtbar vergrößert hat, mit Mehl bestäuben, aus der Schüssel nehmen, gut durch- kneten aus dem Teig 2 längliche Brote formen, auf ein gefettetes Backblech legen, die obere Seite des Teiges mehrmals etwa 1 cm tief einschneiden, den Teig nochmals so lange an einem warmen Ort gehen lassen, bis er sich sichtbar vergrößert hat, mit
Wasser	bestreichen, mit
Mehl	bestäuben, in den Backofen schieben
Ober-/Unterhitze	etwa 2oo °C (vorgeheizt)
Heißluft	etwa 17o °C (nicht vorgeheizt)
Gas	Stufe 3–4 (vorgeheizt)
Backzeit	etwa 4o Minuten.

Sesam-Honig-Brot

250 g Weizen	mit
150 g Dinkel	
100 g Buchweizen	
1 TL Korianderkörnern	fein mahlen
1 gestrichenen TL Meersalz	
1 Messerspitze gemahlenen Koriander	
abgeriebene Schale von 1 Zitrone (unbehandelt)	
1 Ei	
3 EL Honig	
125 g weiche Butter	hinzufügen
1 Würfel (42 g) Frischhefe	in
etwa 6 EL lauwarmer Milch	auflösen, hinzufügen
	alle Zutaten in der Küchenmaschine oder mit Handrührgerät mit Knethaken zuerst auf der niedrigsten, dann auf der höchsten Stufe in etwa 4 Minuten zu einem glatten Teig verarbeiten
100 g leicht gerösteten Sesamsamen	in etwa 1 Minute unterkneten
	den Teig an einem warmen Ort so lange gehen lassen, bis er sich sichtbar vergrößert hat, ihn dann auf der Arbeitsfläche nochmals gut durchkneten, eine gut gefettete Kastenform (30 cm lang) mit
Sesamsamen	ausstreuen, den Teig zu einer Rolle formen, in die Form geben, etwas andrücken
	abgedeckt an einem warmen Ort nochmals so lange gehen lassen, bis der Teig sich sichtbar vergrößert hat, mit
Wasser	bestreichen, mit
Sesamsamen	bestreuen
	die Form auf dem Rost in den Backofen schieben
Ober-/Unterhitze	etwa 200 °C (vorgeheizt)
Heißluft	etwa 170 °C (nicht vorgeheizt)
Gas	Stufe 3–4 (vorgeheizt)
Backzeit	40–50 Minuten.

Nordisches Sonnenrad

2oo g Weizen	mit
1oo g Gerste	
15o g Roggen	
1oo g Hafer	
1 TL Fenchelsamen	
1 TL Anissamen	
1 TL Korianderkörnern	fein mahlen
15o g Roggenmehl	
(Type 115o)	
1oo g Sojamehl	
2 TL Salz	
2 EL Sirup	
(Rübenkraut)	
3 EL Speiseöl	hinzufügen
42 g Frischhefe	in
knapp 5oo ml (½ l)	
lauwarmem Wasser	auflösen, zu den übrigen Zutaten geben

alle Zutaten in der Küchenmaschine oder mit
Handrührgerät mit Knethaken zuerst auf der
niedrigsten, dann auf der höchsten Stufe in etwa
5 Minuten zu einem glatten Teig verarbeiten
den Teig an einem warmen Ort so lange gehen
lassen, bis er sich sichtbar vergrößert hat, ihn dann
auf der Arbeitsfläche nochmals gut durchkneten,
in 9 Stücke teilen
8 Stücke je zu gut etwa 2o cm langen Rollen
formen, jeweils ein Ende etwas schneckenförmig
einrollen, und die Rollen strahlenförmig in Form
eines Fragezeichens auf ein gefettetes Backblech
legen
das neunte Teigstück zu einer Schnecke formen
und auf die Mitte des Strahlenkranzes legen,
abgedeckt an einem warmen Ort nochmals etwa
3o Minuten gehen lassen, mit

Wasser	bestreichen, mit
Sesamsamen	bestreuen
Ober-/Unterhitze	etwa 2oo °C (vorgeheizt)
Heißluft	etwa 17o °C (nicht vorgeheizt)
Gas	Stufe 3–4 (vorgeheizt)
Backzeit	etwa 45 Minuten.

Viererlei Brot

750 g Weizenmehl
(Type 550)   mit
300 g Weizen-
vollkornschrot   in eine Schüssel geben, in die Mitte eine Mulde
eindrücken
70 g Frischhefe   hineinbröckeln
1 TL Salz
1 gestrichenen TL
Zucker
2 gestrichene TL
gemahlenen, schwarzen
Pfeffer   auf dem Mehlrand verteilen
etwa 600 ml lauwarmes
Wasser   über die zerbröckelte Hefe gießen, die Hefe darin
auflösen
125 ml (⅛ l) Walnußöl   hinzufügen
alle Zutaten in der Küchenmaschine zuerst auf der
niedrigsten, dann auf der höchsten Stufe in etwa
5 Minuten zu einem glatten Teig verarbeiten
den Teig an einem warmen Ort so lange gehen
lassen, bis er sich sichtbar vergrößert hat, ihn dann
auf der Arbeitsfläche nochmals gut durchkneten,
zu einer länglichen Rolle formen
in 4 gleich große Stücke schneiden
jedes Teigstück mit einer der folgenden Mischungen
verkneten:

Für die 1. Mischung

80 g entsteinte,
geviertelte
schwarze Oliven   mit
150 g gewürfelter
Salami
2 TL gerebeltem
Oregano   vermengen.

(Fortsetzung Seite 40)

200 g mittelalten,
kleingewürfelten
Gouda
2 TL Kümmel
1 TL gemahlenem Pfeffer

100 g Haselnußkerne
50 g Walnußkernen

100 g geschälte
Kürbiskerne
2 TL gemahlenem
Koriander

Wasser

Ober-/Unterhitze
Heißluft
Gas
Backzeit

Für die 2. Mischung

. mit

vermengen.

Für die 3. Mischung
mit
vermengen.

Für die 4. Mischung

mit

vermengen.

Die mit den verschiedenen Mischungen ver-
kneteten Teigstücke birnenförmig formen,
das spitze Ende etwas flach drücken, mit
bestreichen
so auf ein gefettetes Backblech legen, daß sie mit
den spitzen Enden leicht überlappen und mitein-
ander verbunden sind
in der Mitte etwas zusammendrücken
abgedeckt nochmals etwa 30 Minuten an einem
warmen Ort gehen lassen, mit Wasser bestreichen
jedes Teigstück dreimal der Länge nach einritzen
das Backblech in den Backofen schieben
etwa 225 °C (vorgeheizt)
etwa 190 °C (nicht vorgeheizt)
etwa Stufe 4 (vorgeheizt)
35–40 Minuten.

Roggenmischbrot *in Kohlblättern*

2o g frische Hefe 3 EL lauwarmem Wasser	in auflösen, an einem warmen Ort etwa 15 Minuten gehen lassen mit
5oo g Roggenvollkornmehl 2oo g Weizenvollkornmehl 2oo g Magerquark etwa 4oo ml lauwarmem Wasser 1 Päckchen Sauerteig-Extrakt 1 EL Salz 1 EL Kümmelsamen 1 EL Anissamen	zu einem festen Teig verkneten Teigkugel mit
Roggenvollkornmehl	bestäuben, zugedeckt an einem warmen Ort etwa 1 Stunde gehen lassen, 2 runde Brotlaibe daraus formen
etwa 6 große Außenblätter von Wirsing oder Weißkohl	waschen, abtropfen lassen, Teigkugeln darin einpacken auf ein gefettetes Backblech setzen, etwa 1 Stunde an einem warmen Ort gehen lassen, in den Backofen schieben
Ober-/Unterhitze Heißluft Gas Backzeit	etwa 22o °C (vorgeheizt) etwa 19o °C (nicht vorgeheizt) Stufe 3–4 (vorgeheizt) etwa 6o Minuten Kohlblätter abnehmen, Brote auskühlen lassen.

 *Wenn man auf die Weise kleine Brötchen backt, überträgt sich das Aroma der Blätter noch intensiver, und durch die kürzere Backzeit sind die Blätter noch genießbar.*

Allen Beteuerungen eingekörnter Müslifans zum Trotz, es geht nichts über ein knuspriges Brötchen zum Frühstück. Gut belegt mit Schinken, Käse oder Wurst oder gekrönt von einem Löffel leckerer Konfitüre – besser kann der Tag doch gar nicht beginnen!

Dabei sind es gerade die Brötchen, die einem schon frühmorgens die Qual der Wahl bescheren. Dick und dünn, rund und oval, hell und dunkel, süß und würzig, mindestens im wundervollen Dutzend wetteifern sie in den Auslagen der Bäckereien um Aufmerksamkeit. Wer sich da nicht entscheiden kann oder mag, dem bleibt nur eins: die Brötchen selbst zu backen.

Pikanter Brötchenbaum

(Foto Seite 42/43)

600 g Weizen	mit
1 TL Kümmelsamen	
1 TL Fenchelsamen	
1 TL Korianderkörnern	fein mahlen
125 g Roggen	
125 g Hafer	
	beide Zutaten mittelfein schroten, mit dem Weizenmehl,
50 g Sojamehl	
100 g Roggenmehl	
(Type 1150)	
2 TL Meersalz	vermengen
3 EL Speiseöl	hinzufügen
1 Würfel (42 g)	
Frischhefe	in
250 ml (¼ l)	
lauwarmem Wasser	auflösen, mit
knapp 500 ml (½ l)	
lauwarmem Wasser	zu den übrigen Zutaten geben

alle Zutaten in der Küchenmaschine zuerst auf der niedrigsten, dann auf der höchsten Stufe in etwa 5 Minuten zu einem glatten Teig verarbeiten
den Teig an einem warmen Ort so lange gehen lassen, bis er sich sichtbar vergrößert hat

2–3 Zwiebeln	abziehen, würfeln
25 g Butter	zerlassen, die Zwiebelwürfel darin goldgelb dünsten, abkühlen lassen
150 g durchwachsenen	
Speck	in kleine Würfel schneiden

den gegangenen Teig auf der Arbeitsfläche nochmals gut durchkneten, in 4 Teile teilen
unter einen Teil die Zwiebelwürfel, unter den zweiten Teil die Speckwürfel, unter den dritten Teil

1 gehäuften TL	
Kümmelsamen	kneten, die 3 Teigstücke jeweils in 10–12 Stücke schneiden

aus dem vierten Teigstück einen Baumstamm formen, ihn auf ein gefettetes Backblech legen
die Teigstücke zu runden Brötchen formen und sie abwechselnd als Baumkrone um den Baumstamm auf das Backblech legen

abgedeckt an einem warmen Ort gehen lassen,
bis sie sich sichtbar vergrößert haben
nach Belieben die Teigstücke ringsherum mit einer
Schere dreimal einschneiden, mit

Wasser bestreichen
den Baumstamm mit

Sesamsamen bestreuen
das Backblech in den Backofen schieben

Ober-/Unterhitze etwa 225 °C (vorgeheizt)
Heißluft etwa 2oo °C (nicht vorgeheizt)
Gas etwa Stufe 4 (vorgeheizt)
Backzeit 35–4o Minuten.

Sesambrötchen

375 g Weizenmehl
(Type 4o5) in eine Rührschüssel sieben, mit
1 Päckchen
Trockenbackhefe sorgfältig vermischen
1 gestrichenen TL
Zucker
1 schwach gehäuften TL
Salz
5o g zerlassene,
lauwarme Margarine
etwa 2oo ml lauwarmes
Wasser hinzufügen
die Zutaten mit Handrührgerät mit Knethaken
zunächst auf niedrigster, dann auf höchster Stufe
in etwa 5 Minuten zu einem glatten Teig
verarbeiten
an einem warmen Ort so lange gehen lassen, bis
er sich sichtbar vergrößert hat, den Teig mit Mehl
bestäuben, aus der Schüssel nehmen, gut durchkneten, aus dem Teig 12 ovale Brötchen formen
auf ein gefettetes Backblech legen
die Brötchen mit

Wasser bestreichen, mit
Sesamsamen bestreuen

(Fortsetzung Seite 46)

nochmals so lange an einem warmen Ort gehen lassen, bis sie sich sichtbar vergrößert haben

Ober-/Unterhitze	175–2oo °C (vorgeheizt)
Heißluft	etwa 15o °C (nicht vorgeheizt)
Gas	Stufe 3–4 (vorgeheizt)
Backzeit	etwa 3o Minuten.

Käsebrötchen

25o g Weizenmehl (Type 55o) 175 g Weizenmehl (Type 1o5o)	in eine Rührschüssel geben, mit
1 Päckchen Trockenbackhefe	sorgfältig vermischen
1 TL Zucker 1 TL Salz etwas gemahlenen Pfeffer etwa 25o ml (¼ l) lauwarmes Wasser	hinzufügen, die Zutaten mit Handrührgerät mit Knethaken zunächst auf niedrigster, dann auf höchster Stufe in etwa 5 Minuten zu einem glatten Teig verarbeiten, gegen Ende der Knetzeit
15o g grob geraspelten Gouda	unterkneten den Teig an einem warmen Ort so lange gehen lassen, bis er sich sichtbar vergrößert hat mit Mehl bestäuben, aus der Schüssel nehmen, gut durchkneten, aus dem Teig etwa 1o ovale glatte Brötchen formen, auf ein gefettetes Backblech legen
1 Eigelb 1 EL Wasser	mit verschlagen, die Brötchen damit bestreichen, mit
5o g grob geraspeltem Gouda	bestreuen nochmals so lange an einem warmen Ort gehen lassen, bis sie sich sichtbar vergrößert haben
Ober-/Unterhitze	175–2oo °C (vorgeheizt)
Heißluft	etwa 16o °C (nicht vorgeheizt)
Gas	Stufe 3–4 (vorgeheizt)
Backzeit	etwa 25 Minuten.

Müslistangen

15o g 1o-Früchtemüsli (ohne Zuckerzusatz)	mit
3oo ml kochendheißer Milch	übergießen, etwa 3o Minuten quellen lassen
4oo g Weizen	mit
1 TL Korianderkörnern	fein mahlen, mit
1 Päckchen Trockenbackhefe	sorgfältig vermischen
1 gestrichenen TL Meersalz	
2 TL Honig	
2oo g Magerquark	
4o g weiche Butter	und den Müslibrei hinzufügen

alle Zutaten in der Küchenmaschine oder mit Handrührgerät mit Knethaken zuerst auf der niedrigsten, dann auf der höchsten Stufe in etwa 5 Minuten zu einem glatten Teig verarbeiten evtl. noch

2–3 EL Milch hinzufügen

den Teig an einem warmen Ort so lange gehen lassen, bis er sich sichtbar vergrößert hat, ihn dann auf der Arbeitsfläche nochmals gut durchkneten, zu einer Rolle formen, in etwa 15 Stücke schneiden, die Teigstücke zu etwa 15 cm langen Stangen formen, mit

Milch bestreichen, mit

etwa 3o g gehobelten Haselnußkernen bestreuen

auf ein gut gefettetes Backblech legen abgedeckt an einem warmen Ort nochmals so lange gehen lassen, bis die Stangen sich sichtbar vergrößert haben

Ober-/Unterhitze	etwa 2oo °C (vorgeheizt)
Heißluft	etwa 17o °C (nicht vorgeheizt)
Gas	Stufe 3–4 (vorgeheizt)
Backzeit	25–3o Minuten.

Mohn- und Sesamhörnchen

5oo g Weizenmehl (Type 55o oder 1o5o oder gemischt)	in eine Schüssel sieben, mit
1 Päckchen Trockenbackhefe	sorgfältig vermischen
5o–6o g Zucker 1 gestrichenen TL Salz abgeriebene Schale von ½ Zitrone (unbehandelt) 1 Ei 1 Eiweiß 6o g weiche Butter etwa 2oo ml lauwarme Milch	hinzufügen

alle Zutaten in der Küchenmaschine oder mit Handrührgerät mit Knethaken zuerst auf der niedrigsten, dann auf der höchsten Stufe in etwa 5 Minuten zu einem glatten Teig verarbeiten, den Teig an einem warmen Ort so lange gehen lassen, bis er sich sichtbar vergrößert hat, ihn dann nochmals auf der Arbeitsfläche gut durchkneten, zu einer Rolle formen, die Teigrolle in 12–14 Stücke schneiden

die Teigstücke zu etwa 18 cm langen Rollen formen, dabei die Rollenenden etwas dünner formen

1 Eigelb 1 EL Milch	mit

verschlagen, die Oberfläche der Teigrollen damit bestreichen, die Hälfte der Teigrollen mit

Mohn Sesamsamen	und die andere Hälfte mit bestreuen

die Teigrollen in Form von Hörnchen auf ein gut gefettetes Backblech legen

abgedeckt an einem warmen Ort nochmals so lange gehen lassen, bis sie sich sichtbar vergrößert haben

Ober-/Unterhitze	175–2oo °C (vorgeheizt)
Heißluft	etwa 16o °C (nicht vorgeheizt)
Gas	Stufe 3–4 (vorgeheizt)
Backzeit	etwa 2o Minuten.

Schwedische Buchweizenbrötchen

(18–2o Stück)

	Am Vorabend
125 g geschälten	
Buchweizen (ganz)	
75 g Leinsamen	
5o g Sultaninen	mit
4oo ml kochendem	
Wasser	übergießen, durchrühren, abgedeckt über Nacht
	quellen lassen
325 g Weizen	fein bis mittelfein mahlen
1oo g Sojamehl	hinzufügen, mit
1 Päckchen	
Trockenbackhefe	sorgfältig vermischen
½ TL Salz	
etwa 125 ml (⅛ l)	
lauwarmes Wasser	hinzufügen, den Buchweizen-Leinsamen-Sultaninen-

Brei ebenfalls hinzufügen

alle Zutaten in der Küchenmaschine zuerst auf der niedrigsten, dann auf der höchsten Stufe in etwa 5 Minuten zu einem glatten Teig verarbeiten

den Teig an einem warmen Ort so lange gehen lassen, bis er sich sichtbar vergrößert hat, ihn dann auf der Arbeitsfläche nochmals gut durchkneten, zu einer Rolle formen, die Teigrolle in 18–2o Stücke schneiden

aus den Teigstücken runde Brötchen formen

die Brötchen auf ein gut gefettetes Backblech legen

abgedeckt an einem warmen Ort nochmals so lange gehen lassen, bis sie sich sichtbar vergrößert haben

die Brötchen mit

Wasser	bestreichen
	das Backblech in den Backofen schieben
Ober-/Unterhitze	2oo–225 °C (vorgeheizt)
Heißluft	etwa 18o °C (nicht vorgeheizt)
Gas	etwa Stufe 4 (vorgeheizt)
Backzeit	etwa 3o Minuten.

Kornknacker

(Etwa 20 Stück)

	Am Vorabend oder einige Stunden vor dem Backen in
75 g Weizen	
250 ml (¼ l) kochendes Wasser	geben, 2–3 Minuten kochen lassen, zugedeckt quellen lassen, bis die Körner aufplatzen, abkühlen lassen
300 g Weizen	fein mahlen
150 g Roggen	mittelgrob schroten
50 g Sojamehl	
1 Päckchen Trockenbackhefe	hinzufügen, die Zutaten gut vermischen
1 EL Sesamsamen	
1 EL Leinsamen	
1 EL Sonnenblumenkerne	
1 TL Salz	
1 TL Honig	
etwa 250 ml (¼ l) lauwarmes Wasser	und die Weizenkörner mit der Flüssigkeit hinzufügen
	alle Zutaten in der Küchenmaschine oder mit Handrührgerät mit Knethaken zuerst auf der niedrigsten, dann auf der höchsten Stufe in etwa 5 Minuten zu einem glatten Teig verarbeiten
	den Teig an einem warmen Ort so lange gehen lassen, bis er sich sichtbar vergrößert hat, ihn dann auf der Arbeitsfläche nochmals gut durchkneten, zu einer Rolle formen
	die Teigrolle in etwa 20 Stücke schneiden, jedes Teigstück oval formen, mit
Wasser	bestreichen, in ein
Sesam-Mohn-Gemisch oder Leinsamen-Roggen-Gemisch	drücken
	die Teigstücke auf ein gefettetes Backblech legen, abgedeckt an einem warmen Ort gehen lassen, bis sie sich sichtbar vergrößert haben
Ober-/Unterhitze	etwa 225 °C (vorgeheizt)
Heißluft	etwa 200 °C (nicht vorgeheizt)
Gas	etwa Stufe 4 (vorgeheizt)
Backzeit	etwa 30 Minuten.

Quarkbrötchen

5oo g Weizenmehl	
(Type 55o)	in eine Rührschüssel geben, mit
1 Päckchen	
Trockenbackhefe	sorgfältig vermischen
1 TL Zucker	
½ TL Salz	
25o g Speisequark	(evtl. auf einem Sieb abtropfen lassen)
5o g zerlassene,	
lauwarme Margarine	
etwa 2oo ml	
lauwarmes Wasser	hinzufügen

die Zutaten mit einem Handrührgerät mit Knethaken zunächst auf niedrigster, dann auf höchster Stufe in etwa 5 Minuten zu einem glatten Teig verarbeiten

an einem warmen Ort so lange gehen lassen, bis er sich sichtbar vergrößert hat, den Teig mit Mehl bestäuben, aus der Schüssel nehmen, gut durchkneten

aus dem Teig 1o–12 runde Brötchen formen

auf ein gefettetes Backblech legen

die Brötchen mit

1 EL Milch	bestreichen, nach Belieben mit
Kümmelsamen	
Sesamsamen	
Mohnsamen	bestreuen

nochmals so lange an einem warmen Ort gehen lassen, bis sie sich sichtbar vergrößert haben

das Backblech in den Backofen schieben

Ober-/Unterhitze	175–2oo °C (vorgeheizt)
Heißluft	etwa 16o °C (nicht vorgeheizt)
Gas	Stufe 3–4 (vorgeheizt)
Backzeit	2o–25 Minuten.

Schmalzbrötchen

(Etwa 14 Stück)

350 g Weizenmehl
(Type 1050)
150 g Roggen-
vollkornschrot

beide Mehlsorten in eine Schüssel geben, mit

1 Päckchen
Trockenbackhefe

sorgfältig vermischen
nach Belieben

½ TL gemahlenen
Kümmel

hinzufügen

1 gehäuften TL Salz
50 g weiches Schmalz
etwa 300 ml lauwarmes
Wasser

hinzufügen
alle Zutaten in der Küchenmaschine oder mit
Handrührgerät mit Knethaken zuerst auf der
niedrigsten, dann auf der höchsten Stufe in etwa
5 Minuten zu einem glatten Teig verarbeiten
den Teig an einem warmen Ort so lange gehen
lassen, bis er sich sichtbar vergrößert hat, ihn dann
auf der Arbeitsfläche nochmals gut durchkneten,
zu einer Rolle formen, in etwa 14 Stücke schneiden,
die Teigstücke rund formen, auf ein gefettetes
Backblech legen, abgedeckt an einem warmen
Ort nochmals so lange gehen lassen, bis sie sich
sichtbar vergrößert haben, mit

Wasser
Sesamsamen
Mohnsamen
Kümmelsamen
Ober-/Unterhitze
Heißluft
Gas
Backzeit

bestreichen, nach Belieben mit

oder
bestreuen
etwa 225 °C (vorgeheizt)
etwa 190 °C (nicht vorgeheizt)
etwa Stufe 4 (vorgeheizt)
25–30 Minuten.

Während des Backens eine
Schale mit heißem Wasser
auf den Boden des Backofens
stellen.

Soja-Quark-Brötchen

(16 Stück)

3oo g Weizen	fein mahlen, mit
125 g Sojamehl	
1 Päckchen	
Trockenbackhefe	sorgfältig vermischen
25o g Magerquark	
2 EL Honig	
2 EL Speiseöl	
½ TL Salz	
etwa 25o ml (¼ l)	
lauwarme Milch	hinzufügen

alle Zutaten in der Küchenmaschine oder mit Handrührgerät mit Knethaken zuerst auf der niedrigsten, dann auf der höchsten Stufe in etwa 5 Minuten zu einem glatten Teig verarbeiten kurz vor Beendigung der Knetzeit

1 gehäuften EL	
Sesamsamen	
25 g gehobelte	
Haselnußkerne	unterarbeiten

den Teig an einem warmen Ort so lange gehen lassen, bis er sich sichtbar vergrößert hat, ihn dann auf der Arbeitsfläche nochmals gut durchkneten, zu einer Rolle formen, in 16 Stücke schneiden, die Teigstücke rund formen, mit der Oberfläche zuerst in

Milch	tauchen, dann in ein Gemisch aus
1½–2 EL Sesamsamen	
etwa 2o g gehobelten	
Haselnußkernen	drücken, auf ein gefettetes Backblech legen

abgedeckt an einem warmen Ort so lange gehen lassen, bis sie sich sichtbar vergrößert haben

Ober-/Unterhitze	2oo–225 °C (vorgeheizt)
Heißluft	etwa 17o °C (nicht vorgeheizt)
Gas	Stufe 3–4 (vorgeheizt)
Backzeit	etwa 25 Minuten.

Croissants

5oo g Weizenmehl	in eine Schüssel sieben, eine Vertiefung in die Mitte drücken
1 Würfel (42 g) Frischhefe	hineinbröckeln, mit etwas von
3o g Zucker	vermischen, etwas von
25o ml (¹⁄₄ l) Milch	erwärmen, zu der Hefe geben, Vorteig an einem warmen Ort gehen lassen, restlichen Zucker, restliche Milch,
1 Prise Salz	
2 Eier	
25 g Butter	hinzufügen, mit den Knethaken des Handrührgerätes auf höchster Stufe etwa 5 Minuten zu einem Teig verarbeiten, den Teig mit einem Tuch abgedeckt an einem warmen Ort so lange gehen lassen, bis er sich sichtbar vergrößert hat
	den Teig auf einer mit Mehl bestäubten Arbeitsfläche zu einem Rechteck von 2o x 35 cm ausrollen
25o g Butter	in Scheiben schneiden, die Hälfte des Teiges damit belegen, die nicht belegte Teighälfte darüberklappen und leicht mit einem Teigroller andrücken, den Teig zu einer Platte von 3o x 4o cm ausrollen, von der schmalen Seite her zweimal übereinanderschlagen, damit 3 Schichten entstehen, 15 Minuten in den Kühlschrank legen
	diesen Vorgang noch 2–3 mal wiederholen, den Teig zwischendurch immer 15 Minuten ruhen lassen (Teig dazu zur offenen Seiten ausrollen)
	den Teig zu einem Rechteck von 5o x 4o cm ausrollen, der Länge nach halbieren, so daß 2 Teigstreifen von 5o x 2o cm entstehen
	jeden Teigstreifen mit Hilfe eines Lineals und eines Messers in 6 Dreiecke schneiden, von der breiten Seite her aufrollen und die Seiten etwas nach innen biegen
	Croissants in größerem Abstand voneinander auf ein gefettetes Backblech legen, abdecken, nochmals gehen lassen, mit
3 EL Kondensmilch	bestreichen, in den Backofen schieben
Ober-/Unterhitze	etwa 225 °C (vorgeheizt)
Heißluft	etwa 2oo °C (nicht vorgeheizt)
Gas	Stufe 3–4 (vorgeheizt)
Backzeit	15–2o Minuten.

Sonnenblumenkern-Brötchen

(12–14 Stück)

3oo g Weizen *2oo g Roggen*	beide Zutaten fein mahlen, mit
1 Päckchen *Trockenbackhefe* *1 Päckchen* *Sauerteig-Extrakt* *1 gehäuften TL Salz*	sorgfältig vermischen
etwa 375 ml (3/8 l) *lauwarmes Wasser*	hinzufügen alle Zutaten in der Küchenmaschine oder mit Handrührgerät mit Knethaken zuerst auf der niedrigsten, dann auf der höchsten Stufe in etwa 5 Minuten zu einem glatten Teig verarbeiten kurz vor Beendigung der Knetzeit
1oo g in einer Pfanne *(ohne Fett) geröstete* *Sonnenblumenkerne*	unterarbeiten (1 Eßlöffel zum Garnieren zurückbehalten) den Teig an einem warmen Ort so lange gehen lassen, bis er sich sichtbar vergrößert hat, ihn dann auf der Arbeitsfläche nochmals gut durchkneten, zu einer Rolle formen, in 12–14 Stücke schneiden, jedes Teigstück rund formen auf ein gefettetes Backblech legen, mit
Wasser	bestreichen, die zurückgelassenen Sonnenblumen-kerne auf den Brötchen verteilen, etwas andrücken, abgedeckt an einem warmen Ort so lange gehen lassen, bis sie sich sichtbar vergrößert haben
Ober-/Unterhitze	2oo–225 °C (vorgeheizt)
Heißluft	etwa 17o °C (nicht vorgeheizt)
Gas	etwa Stufe 4 (vorgeheizt)
Backzeit	etwa 3o Minuten.

Olivenbrötchen

(Etwa 1o Stück)

Aus

1 Beutel (5oo g)
Backmischung
Weizen-Mischbrot
1 Päckchen
Trockenbackhefe
3oo ml + 1–2 EL
lauwarmem Wasser

nach der Vorschrift auf der Backmischung einen Teig zubereiten
den Teig an einem warmen Ort so lange gehen lassen, bis er sich sichtbar vergrößert hat

1oo g schwarze Oliven
(trockenkonserviert)
1oo g Walnußkerne

entkernen, vierteln
grob hacken
den Teig auf der Arbeitsfläche nochmals gut durchkneten, dabei die Olivenviertel und Walnußkerne unterkneten
den Teig zu einer Rolle formen, in 1o Stücke schneiden, jedes Teigstück zu einem ovalen Brötchen formen
auf ein gefettetes Backblech legen
abgedeckt an einem warmen Ort nochmals so lange gehen lassen, bis die Teigstücke sich sichtbar vergrößert haben, sie mit

Wasser
Ober-/Unterhitze
Heißluft
Gas
Backzeit

bestreichen
etwa 2oo °C (vorgeheizt)
etwa 17o °C (nicht vorgeheizt)
Stufe 3–4 (vorgeheizt)
3o–35 Minuten.

Brötchenkranz

25o g Roggenmehl (Type 115o) 25o g Weizenmehl (Type 1o5o) 2 gestrichene TL Salz 1 Beutel Sauerteig-Extrakt 1 Päckchen Trockenbackhefe	in einer Schüssel gut vermischen
etwa 375 ml (⅜ l) lauwarmes Wasser 1oo g lauwarmen Sirup	hinzufügen mit Handrührgerät mit Knethaken auf höchster Stufe in etwa 5 Minuten zu einem glatten Teig verkneten, gehen lassen, den Teig mit
Weizenmehl	bestäuben, aus der Schüssel nehmen, gut durchkneten, aus dem Teig 1o runde Brötchen formen, als Kranz auf ein gefettetes Backblech legen jedes Brötchen kreuzweise einschneiden, mit
Wasser Sesamsamen Leinsamen kernigen Flocken oder gehobelten Haselnußkernen	bestreichen, die Brötchen nach Belieben mit bestreuen den Teig nochmals an einem warmen Ort gehen lassen, bis er sich sichtbar vergrößert hat, in den Backofen schieben
Ober-/Unterhitze Heißluft Gas Backzeit	etwa 175 °C (vorgeheizt) etwa 15o °C (nicht vorgeheizt) Stufe 3–4 (vorgeheizt) etwa 3o Minuten.

Maismuffins mit Kürbiskernen

25o g Maismehl	mit
1 gehäuften TL Backpulver	mischen
3oo g Joghurt	mit
2 Eiern	
4o g zerlassener Butter	
1 EL Honig	
½ TL Salz	verrühren, mit dem Maismehl zu einem glatten Teig verarbeiten
5o g geschälte Kürbiskerne	grob hacken, unter den Teig ziehen 6–8 Portionsbackförmchen ausfetten, Teig einfüllen, auf dem Rost in den Backofen schieben
Ober-/Unterhitze	etwa 2oo °C (vorgeheizt)
Heißluft	etwa 17o °C (nicht vorgeheizt)
Gas	Stufe 2–3 (vorgeheizt)
Backzeit	etwa 3o Minuten.

Maismuffins etwas abkühlen lassen, dann erst stürzen, am besten noch warm mit frischer Butter servieren.

Kürbisbrötchen

(8 Stück)

45o g Kürbisfleisch	in Würfel schneiden, in
1oo ml Salzwasser	geben, zum Kochen bringen, gar kochen, abtropfen lassen
3o g frische Hefe	in
2–3 EL Kürbiswasser	auflösen, 15 Minuten warm stellen das abgekühlte Kürbisfleisch pürieren, mit
55o g gesiebtem Weizenmehl (Type 55o)	verkneten, das Kürbiswasser mit der Hefe untermengen, den Teig mit den Händen kräftig durchkneten, bis er nicht mehr klebt und elastisch ist, wenn nötig, noch etwas
Weizenmehl	hinzufügen, zugedeckt an einem warmen Ort gehen lassen, bis der Teig sich sichtbar vergrößert hat

(Fortsetzung Seite 66)

3 EL Kürbiskerne	ohne Fett rösten, mit dem Teig verkneten, 8 Kugeln daraus formen, auf ein mit Backpapier belegtes Backblech geben, die Brötchen über Kreuz einschneiden, nochmals 15 Minuten gehen lassen
Ober-/Unterhitze	etwa 2oo °C (vorgeheizt)
Heißluft	etwa 17o °C (nicht vorgeheizt)
Gas	etwa Stufe 4 (vorgeheizt)
Backzeit	etwa 2o Minuten.

Schusterjungen

(1o–12 Stück)

35o g Roggenmehl (Type 997)	mit
175 g Weizenmehl (Type 55o)	in eine Schüssel sieben, mit
1 Päckchen Trockenbackhefe	sorgfältig vermischen
1 TL Salz	
etwa 375 ml (³⁄₈ l) lauwarmes Wasser	hinzufügen alle Zutaten in der Küchenmaschine oder mit Handrührgerät mit Knethaken zuerst auf der niedrigsten, dann auf der höchsten Stufe in etwa 5 Minuten zu einem glatten Teig verarbeiten den Teig an einem warmen Ort so lange gehen lassen, bis er sich sichtbar vergrößert hat, ihn dann auf der Arbeitsfläche nochmals gut durchkneten, in 1o–12 Stücke schneiden die Teigstücke rund formen, auf ein gefettetes Backblech legen abgedeckt an einem warmen Ort nochmals so lange gehen lassen, bis sie sich sichtbar vergrößert haben, mit
Wasser	bestreichen, mit
Weizenmehl	bestäuben
Ober-/Unterhitze	etwa 225 °C (vorgeheizt)
Heißluft	etwa 2oo °C (nicht vorgeheizt)
Gas	etwa Stufe 4 (vorgeheizt)
Backzeit	etwa 25 Minuten.

Kastanienbrötchen

(1o–12 Stück)

2o g Frischhefe *2 EL lauwarmem Wasser*	in auflösen, 15 Minuten an einem warmen Ort gehen lassen
3oo g Weizen- *vollkornmehl* *etwa 125 ml (1/8 l)* *lauwarme Milch* *5o g Butter* *5o g Rübenkraut* *1/3 TL Salz*	hinzufügen, zu einem formbaren, geschmeidigen Teig verkneten, zugedeckt an einem warmen Ort so lange gehen lassen, bis er sich sichtbar vergrößert hat
25o g Eßkastanien *kochendes Wasser*	oben kreuzweise einschneiden, in geben, 5–1o Minuten kochen lassen, bis sich die Einschnittstellen öffnen Kastanien schälen, vierteln
2o g Butter	zerlassen, Kastanien darin 5 Minuten braten, etwas abkühlen lassen, unter den Teig kneten kleine, runde Brötchen aus dem Teig formen, kreuzweise einschneiden, auf ein Backblech setzen, etwa 15 Minuten gehen lassen
Ober-/Unterhitze *Heißluft* *Gas* *Backzeit*	18o–2oo °C (vorgeheizt) etwa 16o °C (nicht vorgeheizt) etwa Stufe 2 (vorgeheizt) 2o–25 Minuten.

Frühstücksbrötchen

(8–1o Stück im Bratbeutel)

5oo g Weizenmehl (Type 4o5)	in eine Schüssel sieben
2 gestrichene TL Salz	
6 EL Speiseöl	hinzufügen
1 Würfel (42 g) Frischhefe	mit
1 TL Zucker	verrühren, in
3oo ml lauwarmer Flüssigkeit (halb Milch, halb Wasser)	auflösen, zu dem Mehl geben

alle Zutaten in der Küchenmaschine oder mit
Handrührgerät mit Knethaken zuerst auf der
niedrigsten, dann auf der höchsten Stufe in etwa
5 Minuten zu einem glatten Teig verarbeiten
den Teig an einem warmen Ort so lange gehen
lassen, bis er sich sichtbar vergrößert hat, ihn dann
auf der Arbeitsfläche nochmals gut durchkneten,
aus dem Teig 8–1o Brötchen formen
jeweils 4–5 Brötchen in einen Bratbeutel legen, der
auf dem Rost des Backofens liegt
die Bratbeutel verschließen (nicht einstechen)
die Brötchen nochmals einige Zeit gehen lassen
den Backrost in den Backofen schieben

Ober-/Unterhitze	etwa 2oo °C (vorgeheizt)
Heißluft	etwa 17o °C (nicht vorgeheizt)
Gas	Stufe 3–4 (vorgeheizt)
Backzeit	etwa 4o Minuten.

Hafer-Weizen-Brötchen

(mit und ohne Früchte)

175 g Hafer	mit
½ TL Anissamen	
1 gestrichenen TL	
Korianderkörnern	mischen, auf ein Backblech legen, in den Backofen
	schieben, rösten
Ober-/Unterhitze	etwa 1oo °C (vorgeheizt)
Heißluft	etwa 8o °C (nicht vorgeheizt)
Gas	etwa Stufe 1 (vorgeheizt)
Röstzeit	etwa 45 Minuten
	die Körner während des Röstens ab und zu
	wenden, abkühlen lassen
35o g Weizenkörner	fein mahlen, mit
1 Päckchen	
Trockenbackhefe	sorgfältig mischen
1 gestrichenen TL	
Meersalz	
1 TL Honig	
etwa 25o ml (¼ l)	
lauwarmes Wasser	hinzufügen
	alle Zutaten in der Küchenmaschine oder mit
	Handrührgerät mit Knethaken zuerst auf der
	niedrigsten, dann auf der höchsten Stufe in etwa
	5 Minuten zu einem glatten Teig verarbeiten
	den Teig halbieren, unter eine Teighälfte
25o g gewürfelte	
Trockenfrüchte (z. B.	
Pflaumen, Aprikosen,	
Birnen, Apfelringe,	
Korinthen, Rosinen)	
5o g gehackte Wal-	
oder Haselnußkerne	
2 EL Wasser	kneten
	beide Teige an einem warmen Ort so lange gehen
	lassen, bis sie sich sichtbar vergrößert haben, die
	Teige nochmals auf der Arbeitsfläche gut durch-
	kneten, aus dem Früchteteig 12 Brötchen und aus
	dem anderen Teig 8 Brötchen formen
Mohnsamen	mit
Sesamsamen	mischen
	alle Brötchen mit der Oberfläche in
Wasser	tauchen

grobe Haferflocken	die Früchtebrötchen mit der Oberfläche in drücken
	die Oberfläche der anderen Brötchen mit dem Mohn-Sesam-Gemisch bestreuen
	die Brötchen auf ein gefettetes Backblech legen abgedeckt gehen lassen, bis sie sich sichtbar vergrößert haben
	jedes Brötchen oben längs einschneiden, mit
Wasser	besprenkeln
Ober-/Unterhitze	2oo–225 °C (vorgeheizt)
Heißluft	18o–2oo °C (nicht vorgeheizt)
Gas	Stufe 3–4 (vorgeheizt)
Backzeiten	
für die Mohn-Sesam-Brötchen	3o–35 Minuten
für die Früchtebrötchen	35–4o Minuten.

Gebackenes Lamm

375 g Weizenmehl (Type 1o5o oder 4o5)	in eine Schüssel sieben
125 g Weizen-vollkornmehl	hinzufügen, mit
1 Päckchen Trockenbackhefe	sorgfältig vermischen
1 TL Zucker	
2 gestrichene TL Salz	
1½ Eier	
5o g zerlassene Butter	
knapp 25o ml (¼ l)	
lauwarmes Wasser	hinzufügen
	alle Zutaten mit Handrührgerät mit Knethaken zuerst auf der niedrigsten, dann auf der höchsten Stufe in etwa 5 Minuten zu einem Teig verarbeiten,
	den Teig an einem warmen Ort so lange gehen lassen, bis er sich sichtbar vergrößert hat
	ihn dann auf der höchsten Stufe nochmals gut durchkneten
	ein etwa faustgroßes Stück Teig für Kopf, Beine, Schwanz und Ohren des Lammes abnehmen, aus dem restlichen Teig etwa walnußgroße Kugeln

(Fortsetzung Seite 72)

71

formen, sie als Körper auf einem gefetteten Backblech zusammensetzen, aus dem zurückgelassenen Teig Kopf, Beine, Schwanz und Ohren formen, an den Körper legen, den Teig nochmals an einem warmen Ort gehen lassen, bis er sich sichtbar vergrößert hat, mit

½ verschlagenen Ei
abgezogenen,
gestiftelten Mandeln
bestreichen, den Lammkörper mit

bestreuen
als Augen

2 Rosinen — in den Kopf drücken
Ober-/Unterhitze — 2oo–225 °C (vorgeheizt)
Heißluft — 17o–2oo °C (nicht vorgeheizt)
Gas — etwa Stufe 4 (vorgeheizt)
Backzeit — etwa 25 Minuten.

Brandteigbrötchen

(Für 2o Stück)

25o ml (¼ l) Wasser
5o g Butter
½ TL Salz, Pfeffer
geriebener Muskatnuß
15o g Weizenvollkornmehl
mit

am besten in einem Stieltopf zum Kochen bringen auf einmal in die von der Kochstelle genommene Flüssigkeit schütten, zu einem glatten Kloß rühren, unter Rühren etwa 1 Minute erhitzen, den heißen Kloß sofort in eine Rührschüssel geben, nach und nach

2–3 Eier — mit Handrührgerät mit Knethaken auf höchster Stufe unterarbeiten, weitere Eizugabe erübrigt sich, wenn der Teig stark glänzt und so von einem Löffel abreißt, daß lange Spitzen hängenbleiben

½ TL Backpulver — in den erkalteten Teig arbeiten, mit 2 Teelöffeln etwa 2o walnußgroße Häufchen auf ein mit Backpapier belegtes, mit Weizenmehl bestäubtes Blech geben

Ober-/Unterhitze — etwa 22o °C (vorgeheizt)
Heißluft — etwa 2oo °C (nicht vorgeheizt)
Gas — etwa Stufe 5 (vorgeheizt)
Backzeit — 2o–25 Minuten.

Brioche

	Für den Vorteig
1oo g Weizenmehl (Type 55o) oder doppelgriffiges Mehl	in eine Schüssel sieben
5o g Frischhefe 1 gestrichenen TL Zucker	mit
6 EL lauwarmem Wasser	verrühren, bis sich die Hefe aufgelöst hat, zu dem Mehl geben, gut verrühren, evtl. noch etwas Wasser hinzugeben, den Teig an einem warmen Ort so lange gehen lassen, bis er sich sichtbar vergrößert hat.

Für den Teig

400 g Weizenmehl (Type 55o) oder doppelgriffiges Mehl — mit
in eine Schüssel sieben, mit
5o g Puderzucker vermengen
1o g Salz
400 g weiche Butter cremig rühren, nach und nach
6 Eier unterschlagen, mit dem Mehlgemisch vermengen, den gegangenen Vorteig hinzufügen
alles mit Handrührgerät mit Knethaken zuerst auf der niedrigsten, dann auf der höchsten Stufe in etwa 5 Minuten zu einem glatten Teig verarbeiten, eine gut gefettete Kastenform (32 x 1o cm) und Brioche-Form (Inhalt 1 l) oder kleine Brioche-Förmchen (Durchmesser etwa 8 cm) mit

Semmelbröseln ausstreuen
den Teig auf die beiden Formen verteilen, nochmals so lange an einem warmen Ort gehen lassen (etwa 3o Minuten), bis er sich sichtbar vergrößert hat

Ober-/Unterhitze etwa 2oo °C (vorgeheizt)
Heißluft etwa 17o °C (nicht vorgeheizt)
Gas Stufe 3–4 (vorgeheizt)
Backzeit
für die großen Formen etwa 4o Minuten
für die kleinen Formen etwa 2o Minuten.

Sesam-Käsewickel

(14 Stück)

5oo g Weizenmehl (Type 4o5)	in eine Schüssel sieben
25o g weiche Butter in Flöckchen	und
1 TL Salz	
1 Ei	hinzufügen
1 Päckchen Trockenbackhefe	mit
1 TL Zucker	
etwa 125 ml (1/8 l) lauwarmer Milch	anrühren, 5–1o Minuten gehen lassen, zum Mehl geben
	alle Zutaten in der Küchenmaschine oder mit Handrührgerät mit Knethaken zuerst auf der niedrigsten, dann auf der höchsten Stufe in etwa 3 Minuten zu einem glatten Teig verarbeiten, zum Schluß
5o g geriebenen, alten Gouda	unterarbeiten
	den Teig an einem warmen Ort so lange gehen lassen, bis er sich sichtbar vergrößert hat, ihn dann auf der Arbeitsfläche nochmals gut durchkneten, in 14 Stücke schneiden
	jedes Teigstück zu einer 27–28 cm langen Rolle formen, 7 Teigrollen in
Sesamsamen	und 7 Teigrollen in
etwa 2o g geriebenem Parmesankäse	wälzen
	die Teigrollen hufeisenförmig nebeneinanderlegen und die beiden Teigenden zweimal umeinanderschlingen
	auf ein gefettetes Backblech legen
	abgedeckt an einem warmen Ort so lange gehen lassen, bis sie sich sichtbar vergrößert haben
Ober-/Unterhitze	etwa 2oo °C (vorgeheizt)
Heißluft	etwa 17o °C (nicht vorgeheizt)
Gas	Stufe 3–4 (vorgeheizt)
Backzeit	etwa 2o Minuten.

Vollkornbrötchen-Kissen

175 g Weizen
175 g Dinkel
175 g Roggen

die drei Kornsorten fein mahlen, mit

1 Päckchen
Trockenbackhefe
1 schwach gehäuften TL
Meersalz
etwa 375 ml (3/8 l)
lauwarmes Wasser

sorgfältig vermischen

hinzufügen
alle Zutaten in der Küchenmaschine oder mit
Handrührgerät mit Knethaken zuerst auf der
niedrigsten, dann auf der höchsten Stufe in etwa
5 Minuten zu einem glatten Teig verarbeiten
den Teig an einem warmen Ort so lange gehen
lassen, bis er sich sichtbar vergrößert hat, ihn dann
auf der Arbeitsfläche nochmals gut durchkneten,
zu einer Rolle formen, etwas flach drücken, längs
durchschneiden
jede Teigstange in 6 Stücke schneiden, die
einzelnen Teigstücke etwas flach drücken
die Oberfläche mit

Wasser

bestreichen
jeweils 3 Teigstücke in

Haferflocken
Mohn-Sesam-Mischung
Sonnenblumenkerne

drücken, 3 Teigstücke in eine
drücken, 3 Teigstücke in
drücken und 3 Teigstücke unbelegt lassen
die Teigstücke auf ein gefettetes Backblech legen,
nochmals gehen lassen, bis sie sich sichtbar vergrößert haben, mit

Wasser
Ober-/Unterhitze
Heißluft
Gas
Backzeit

besprenkeln
2oo–225 °C (vorgeheizt)
18o–2oo °C (nicht vorgeheizt)
etwa Stufe 4 (vorgeheizt)
etwa 35 Minuten.

**Während des Backens eine
Schale mit heißem Wasser
auf den Boden des Backofens
stellen.**

Mundbrötchen

(12–14 Stück)

3oo g Weizenmehl (Type 4o5)	in eine Schüssel sieben mit
1 Päckchen Trockenbackhefe 1 gestrichenen TL Salz 1 gestrichenen TL Zucker 1 EL Speiseöl etwa 2oo ml lauwarmes Wasser	sorgfältig vermischen

hinzufügen
alle Zutaten in der Küchenmaschine oder mit Handrührgerät mit Knethaken zuerst auf der niedrigsten, dann auf der höchsten Stufe in etwa 5 Minuten zu einem glatten Teig verarbeiten, den Teig an einem warmen Ort so lange gehen lassen, bis er sich sichtbar vergrößert hat, ihn dann auf der Arbeitsfläche nochmals gut durchkneten, zu einer Rolle formen, in 14 Stücke schneiden
die 14 Teigstücke z. B. rund, oval, länglich, zu Brezeln oder Schnecken formen
auf ein gefettetes Backblech legen
abgedeckt an einem warmen Ort nochmals so lange gehen lassen, bis sie sich sichtbar vergrößert haben

1 Ei mit
Salz verschlagen, die Brötchen damit bestreichen
das Backblech in den Backofen schieben, die Brötchen während des Backens evtl. nochmals mit dem verschlagenen Ei bestreichen

Ober-/Unterhitze etwa 2oo °C (vorgeheizt)
Heißluft etwa 17o °C (nicht vorgeheizt)
Gas Stufe 3–4 (vorgeheizt)
Backzeit etwa 2o Minuten.

Um zu verhindern, daß die Mundbrötchen zu braun werden, sie gegen Ende der Backzeit mit Alufolie abdecken.

Unser täglich Brot gib uns heute – und an Festtagen darf es auch ruhig schon mal ein bißchen süßer sein. Nicht nur kleine Lecker-mäuler sind begeistert, wenn süße Sachen aus der Brot-backstube auf den Tisch kommen. Vom fast schon alltäglichen Rosinenbrötchen oder dem neuerdings so ge-priesenen Schoko-Croissant wollen wir hier gar nicht reden. Auch das traditionelle Oster-, das würzige Advents-oder das üppige Früchtebrot sind längst keine Besonderheit mehr. Aber es gibt ja noch mehr – feine, kleine Knusprig-keiten, Zöpfe, Wickel, Bröt-chen und Figürchen, die aus-probiert und gekostet sein wollen.

Mandelknoten

(Foto Seite 8o/81)

5oo g Weizenmehl (Type 55o) in eine Schüssel sieben, mit

1 Päckchen Trockenbackhefe sorgfältig vermischen

5o g Zucker
½ TL Salz
2 Eier
1oo g weiche Butter
etwa 25o ml (¼ l) lauwarme Milch hinzufügen
alle Zutaten in der Küchenmaschine oder mit Handrührgerät mit Knethaken zuerst auf der niedrigsten, dann auf der höchsten Stufe in etwa 5 Minuten zu einem glatten Teig verarbeiten
kurz vor Beendigung der Knetzeit

1oo g abgezogene, gehackte Mandeln unterarbeiten
den Teig an einem warmen Ort so lange gehen lassen, bis er sich sichtbar vergrößert hat, ihn dann auf der Arbeitsfläche gut durchkneten, zu einer Rolle von 6o–7o cm Länge formen, die Rolle zu einem Knoten schlingen, die Enden unter den Teig legen
abgedeckt an einem warmen Ort nochmals so lange gehen lassen, bis der Mandelknoten sich sichtbar vergrößert hat, mit

Milch bestreichen, mit

abgezogenen, gehobelten Mandeln bestreuen
Ober-/Unterhitze etwa 2oo °C (vorgeheizt)
Heißluft etwa 17o °C (nicht vorgeheizt)
Gas Stufe 3–4 (vorgeheizt)
Backzeit 35–4o Minuten.

Hunza-Zopfbrot

2o g Frischhefe etwa 2oo ml lauwarmem Wasser	in auflösen, 15 Minuten an einem warmen Ort gehen lassen, mit
5oo g Weizen- vollkornschrot 2oo ml lauwarmem Kefir 3 EL Apfelkraut 1 Prise Salz 1 TL gemahlenem Kardamom	 mit Handrührgerät mit Knethaken zu einem glatten Teig verkneten, mit einem Tuch bedecken, etwa 2 Stunden gehen lassen, bis er sich sichtbar vergrößert hat
5o g Rosinen	verlesen
75 g eßfertige Dörraprikosen	 in Streifen schneiden
5o g eßfertige Dörräpfel in Ringen	 halbieren, dann jede Ringhälfte in 4 Stücke schneiden, den Teig in drei Portionen teilen, eine mit Rosinen, eine mit Aprikosen, eine mit Äpfeln verkneten auf der mit
Weizenmehl	bestäubten Arbeitsfläche die drei Portionen zu drei 5o–6o cm langen Rollen formen, diese zu einem Zopf flechten, die Enden zu einer Kugel unterschlagen, auf ein mit Backpapier ausgelegtes Blech setzen, etwa 3o Minuten gehen lassen, auf dem Rost in den Backofen schieben
Ober-/Unterhitze	2oo–225 °C (vorgeheizt)
Heißluft	18o–2oo °C (nicht vorgeheizt)
Gas	Stufe 3–4 (vorgeheizt)
Backzeit	etwa 1 Stunde auf einem Kuchenrost etwas abkühlen lassen, dann erst anschneiden.

Hefeteig-Figuren

(Für 8–1o Stutenkerle oder
8 Martinsgänse oder
Brötchen)

5oo g Weizenmehl (Type 55o)	in eine Schüssel sieben mit
1 Päckchen Trockenbackhefe 2 EL Zucker 1 gestrichenen TL Salz 1 Ei 1 Eiweiß 1oo g zerlassene, abgekühlte Butter oder Margarine gut 125 ml (⅛ l) lauwarme Milch	sorgfältig vermischen

hinzufügen
alle Zutaten in der Küchenmaschine oder mit
Handrührgerät mit Knethaken zuerst auf der
niedrigsten, dann auf der höchsten Stufe in etwa
5 Minuten zu einem glatten Teig verarbeiten,
den Teig an einem warmen Ort so lange gehen
lassen, bis er sich sichtbar vergrößert hat, ihn dann
auf der Arbeitsfläche nochmals gut durchkneten.

Für die Stutenkerle
den Teig etwa 1 cm dick ausrollen, aus Pappe eine
Stutenkerlschablone (etwa 18 cm hoch und gut
8 cm breit) ausschneiden, auf den Teig legen,
Stutenkerle ausschneiden, auf ein gefettetes
Backblech legen, als Augen

Rosinen oder Korinthen eindrücken
1 Eigelb mit
1–2 EL Milch verschlagen, die Stutenkerle damit bestreichen
8–1o Tonpfeifen in die Stutenkerle drücken, sie auf ein gefettetes
Backblech legen
abgedeckt nochmals etwa 2o Minuten gehen
lassen
das Backblech in den Backofen schieben

(Fortsetzung Seite 86)

Ober-/Unterhitze	etwa 2oo °C (vorgeheizt)
Heißluft	etwa 17o °C (nicht vorgeheizt)
Gas	Stufe 3–4 (vorgeheizt)
Backzeit	15–2o Minuten.

Für die <u>Martinsgänse</u>
den Teig knapp 1 cm dick ausrollen, mit Hilfe einer Pappschablone Gänse – Körperlänge etwa 14 cm, Körperbreite etwa 1o cm und Gesamthöhe etwa 2o cm – ausschneiden, die Gänse auf ein gefettetes Backblech legen

1 Eigelb	mit
1–2 EL Milch	verschlagen, die Gänse damit bestreichen
Rosinen	als Augen eindrücken, die Gänse mit
Hagelzucker	bestreuen

abgedeckt an einem warmen Ort nochmals etwa 2o Minuten gehen lassen

Ober-/Unterhitze	etwa 2oo °C (vorgeheizt)
Heißluft	etwa 17o °C (nicht vorgeheizt)
Gas	Stufe 3–4 (vorgeheizt)
Backzeit	15–2o Minuten.

Kalifenbrot

6oo g doppelgriffiges Weizenmehl oder Weizenmehl (Type 4o5)	in eine Schüssel sieben, in die Mitte eine Vertiefung eindrücken
1 Würfel (42 g) Frischhefe	zerbröckeln, mit
1 TL Zucker 4 EL lauwarmer Milch	in die Vertiefung geben, mit etwas Mehl verrühren, an einem warmen Ort gehen lassen, bis die Hefe gut gegangen und die Oberfläche rissig ist
1 Päckchen Safran 1½–2 EL heißer Milch	in
1 Messerspitze gemahlenem Kardamom 1 Messerspitze gemahlenem Koriander	auflösen, zusammen mit

*abgeriebener Schale
von 1 Zitrone
(unbehandelt)
3o g weicher Butter
1 Becher (15o g)
Crème fraîche
6o g Zucker
1 TL Salz*

hinzufügen
alle Zutaten in der Küchenmaschine oder mit
Handrührgerät mit Knethaken zuerst auf der
niedrigsten, dann auf der höchsten Stufe in etwa
5 Minuten zu einem glatten Teig verarbeiten,
zuletzt

*125 g große, dunkle
Rosinen*

unterkneten
den Teig an einem warmen Ort so lange gehen
lassen, bis er sich sichtbar vergrößert hat, ihn dann
auf der Arbeitsfläche nochmals gut durchkneten
(evtl. noch etwas Weizenmehl unterkneten)
von dem Teig ein Stück in Brötchengröße abnehmen
aus dem restlichen Teig eine Kugel formen, sie auf
ein gefettetes Backblech setzen, in die Mitte der
Kugel eine Vertiefung drücken

*1 Eigelb
1 EL Milch*

mit
verschlagen, etwas davon in die Vertiefung
streichen, das zurückgelassene Teigstück rund
formen und in die Vertiefung legen, ganz mit dem
verschlagenen Ei bestreichen, die dicke Teigkugel
schräg einschneiden, abgedeckt an einem warmen
Ort nochmals so lange gehen lassen, bis sie sich
sichtbar vergrößert hat
das Backblech in den Backofen schieben

*Ober-/Unterhitze
Heißluft
Gas
Backzeit*

175–2oo °C (vorgeheizt)
etwa 16o °C (nicht vorgeheizt)
etwa Stufe 3 (vorgeheizt)
etwa 4o Minuten.

**T
I
P**

*Das Brot evtl. nach gut der
Hälfte Backzeit mit Pergament-
papier oder Alufolie abdecken,
damit es nicht zu dunkel wird.*

Saftige Rosinenbrötchen

(Etwa 14 Stück)

150 g (etwa 4 mittelgroße) Kartoffeln	waschen, in wenig Wasser zum Kochen bringen, gar kochen, heiß pellen, durch eine Kartoffelpresse drücken
500 g Weizenmehl (Type 405)	mit
1 Päckchen Trockenbackhefe	hinzufügen, die 3 Zutaten sorgfältig miteinander vermischen
50 g Zucker ½ TL Salz 125 g weiche Butter etwa 200 ml lauwarme Milch	hinzufügen alle Zutaten in der Küchenmaschine oder mit Handrührgerät mit Knethaken zuerst auf der niedrigsten, dann auf der höchsten Stufe in etwa 5 Minuten zu einem glatten Teig verarbeiten, kurz vor Beendigung der Knetzeit
100 g Sultaninen	unterarbeiten den Teig an einem warmen Ort so lange gehen lassen, bis er sich sichtbar vergrößert hat, ihn dann auf der Arbeitsfläche nochmals gut durchkneten, zu einer Rolle formen, in 14 Stücke schneiden, die Teigstücke rund formen, auf ein gefettetes Backblech legen abgedeckt an einem warmen Ort nochmals so lange gehen lassen, bis sie sich sichtbar vergrößert haben, mit
Kondensmilch	bestreichen das Backblech in den Backofen schieben
Ober-/Unterhitze	etwa 200 °C (vorgeheizt)
Heißluft	etwa 170 °C (nicht vorgeheizt)
Gas	Stufe 3–4 (vorgeheizt)
Backzeit	etwa 30 Minuten.

Während des Backens eine Schale mit heißem Wasser auf den Boden des Backofens stellen.

Plunderbrötchen

(16 Stück)

1 Päckchen (3oo g) Tiefkühl-Blätterteig	die Platten einzeln auf ein Küchentuch legen, abgedeckt auftauen lassen
375 g Weizenmehl (Type 4o5)	in eine Schüssel sieben, mit
1 Päckchen Trockenbackhefe	sorgfältig vermischen
1 gestrichenen TL Salz 1 gehäuften EL Zucker 1–2 EL Speiseöl gut 15o ml lauwarmes Wasser oder Milch	hinzufügen

alle Zutaten in der Küchenmaschine oder mit Handrührgerät mit Knethaken zuerst auf der niedrigsten, dann auf der höchsten Stufe in etwa 5 Minuten zu einem glatten Teig verarbeiten

den Teig an einem warmen Ort so lange gehen lassen, bis er sich sichtbar vergrößert hat, ihn dann auf der Arbeitsfläche nochmals gut durchkneten, zu einem Rechteck von 35 x 5o cm ausrollen, die Blätterteig-Platten auf eine Teighälfte legen, dabei die Teigränder frei lassen, die andere Teighälfte darüberschlagen, die Teigränder gut andrücken, zur vorherigen Größe (35 x 5o cm) ausrollen, nochmals übereinanderschlagen und zu einem Rechteck von 6o x 3o cm ausrollen

das Rechteck mit einem Teigrädchen in Streifen von 7,5 x 15 cm schneiden, die Streifen von der kürzeren Seite her aufrollen

auf ein gefettetes Backblech legen, abgedeckt an einem warmen Ort 3o Minuten gehen lassen, mit

Kondensmilch	bestreichen, mit
abgezogenen, gehobelten Mandeln	bestreuen
Ober-/Unterhitze	etwa 225 °C (vorgeheizt)
Heißluft	etwa 2oo °C (nicht vorgeheizt)
Gas	etwa Stufe 4 (vorgeheizt)
Backzeit	etwa 25 Minuten.

Quarkbrot

35o g Weizenmehl (Type 4o5)	in eine Schüssel sieben, mit
1 Päckchen Trockenbackhefe	sorgfältig vermischen
1 gestrichenen TL Salz	
abgeriebene Schale von 1 Zitrone (unbehandelt)	
125 g Zucker	
2 Eier	
125 g weiche Butter	
125 g Magerquark	
3–5 EL lauwarme Milch	hinzufügen

alle Zutaten in der Küchenmaschine oder mit Handrührgerät mit Knethaken zuerst auf der niedrigsten, dann auf der höchsten Stufe in etwa 5 Minuten zu einem glatten Teig verarbeiten kurz vor Beendigung der Knetzeit

125 g Sultaninen unterarbeiten
den Teig an einem warmen Ort so lange gehen lassen, bis er sich sichtbar vergrößert hat, ihn dann auf der Arbeitsfläche gut durchkneten, zu einem Stollen formen (Teig zu einem Oval formen, eine Längsseite etwas flach rollen), mit

Wasser bestreichen, die andere Längsseite darüberschlagen, auf ein gefettetes Backblech legen, abgedeckt an einem warmen Ort nochmals so lange gehen lassen, bis der Brotlaib sich sichtbar vergrößert hat
das Backblech in den Backofen schieben

Ober-/Unterhitze 175–2oo °C (vorgeheizt)
Heißluft etwa 17o °C (nicht vorgeheizt)
Gas Stufe 3–4 (vorgeheizt)
Backzeit 45–5o Minuten
das Quarkbrot sofort nach dem Backen mit

4o g zerlassener Butter bestreichen, mit
1–2 EL Zimt-Zucker bestreuen.

Mandel-Möhren-Brot

3oo g Möhren	putzen, schälen, waschen, raspeln, mit dem
Saft von ½ Zitrone	beträufeln
5oo g Weizen	fein mahlen
	mit
1 Päckchen	
Trockenbackhefe	sorgfältig vermischen
3 EL Weizenvollkornflocken	
1oo g abgezogene,	
gemahlene Mandeln	
1 TL Meersalz	
3 EL Honig	
1oo g weiche Butter	
1 Ei	
etwa 1oo ml	
lauwarmes Wasser	hinzufügen

alle Zutaten in der Küchenmaschine oder mit Handrührgerät mit Knethaken zuerst auf der niedrigsten, dann auf der höchsten Stufe in etwa 5 Minuten zu einem glatten Teig verarbeiten, während des Knetens die Möhren und dann

150 g Sultaninen hinzufügen

den Teig an einem warmen Ort so lange gehen lassen, bis er sich sichtbar vergrößert hat
ihn dann mit einem Holzlöffel nochmals gut durcharbeiten
eine gut gefettete Auflaufform mit der Hälfte von

4o g abgezogenen,
gehobelten Mandeln ausstreuen, den Teig hineingeben, die restlichen Mandeln darauf verteilen, etwas andrücken
den Teig abgedeckt an einem warmen Ort nochmals so lange gehen lassen, bis er sich sichtbar vergrößert hat
die Form auf dem Rost in den Backofen schieben

Ober-/Unterhitze	2oo–225 °C (vorgeheizt)
Heißluft	17o–2oo °C (nicht vorgeheizt)
Gas	etwa Stufe 4 (vorgeheizt)
Backzeit	5o–55 Minuten.

Während des Backens eine Schale mit heißem Wasser auf den Boden des Backofens stellen.

Kokosbrötchen

(18–2o Stück)

4oo g Weizenmehl (Type 55o)	in eine Schüssel sieben
1oo g Sojamehl	hinzufügen
	mit
1 Päckchen Trockenbackhefe	sorgfältig vermischen
25o g Magerquark	
5o g Zucker	
1 Ei	
abgeriebene Schale von 1 Zitrone (unbehandelt)	
125 g weiche Butter	
etwa 1oo ml lauwarme Milch	hinzufügen

alle Zutaten in der Küchenmaschine oder mit Handrührgerät mit Knethaken zuerst auf der niedrigsten, dann auf der höchsten Stufe in etwa 5 Minuten zu einem glatten Teig verarbeiten kurz vor Beendigung der Knetzeit

175 g ohne Fett geröstete Kokosraspeln	
1oo g Rosinen	unterarbeiten

den Teig an einem warmen Ort so lange gehen lassen, bis er sich sichtbar vergrößert hat, ihn dann auf der Arbeitsfläche nochmals gut durchkneten, in 18–2o Stücke schneiden jedes Teigstück rund formen, auf ein gefettetes Backblech legen, mit

Milch	bestreichen, mit
Kokosraspeln	bestreuen

abgedeckt an einem warmen Ort nochmals so lange gehen lassen, bis sie sich sichtbar vergrößert haben

Ober-/Unterhitze	etwa 2oo °C (vorgeheizt)
Heißluft	etwa 17o °C (nicht vorgeheizt)
Gas	Stufe 3–4 (vorgeheizt)
Backzeit	etwa 3o Minuten.

Rosinen-Quark-Brötchen

(16–2o Stück)

1oo g dunkle Rosinen etwas heißem Wasser	nach Belieben in quellen lassen
5oo g Weizen	fein mahlen, mit
1 Päckchen Trockenbackhefe	sorgfältig vermischen
25o g Magerquark 15o g weiche Butter 2 Eier 2–3 EL Honig abgeriebene Schale von ½–1 Zitrone (unbehandelt) 1 Messerspitze gemahlenen Zimt ½ TL Meersalz 4–5 EL lauwarmes Wasser	hinzufügen

alle Zutaten in der Küchenmaschine oder mit Handrührgerät mit Knethaken zuerst auf der niedrigsten, dann auf höchster Stufe in etwa 5 Minuten zu einem glatten Teig verarbeiten, zum Schluß die abgetropften Rosinen unterkneten, den Teig an einem warmen Ort so lange gehen lassen, bis er sich sichtbar vergrößert hat, ihn dann auf der Arbeitsfläche nochmals gut durchkneten, zu einer Rolle formen, in 2o Stücke schneiden, jedes Teigstück zu einem runden Brötchen formen, etwas flach drücken

die Brötchen auf ein gefettetes Backblech legen, abgedeckt an einem warmen Ort gehen lassen, bis sie sich sichtbar vergrößert haben

1 Eigelb 1 EL Milch	mit verschlagen, die Brötchen damit bestreichen
Ober-/Unterhitze	18o–2oo °C (vorgeheizt)
Heißluft	16o–18o °C (nicht vorgeheizt)
Gas	Stufe 3–4 (vorgeheizt)
Backzeit	3o–35 Minuten.

Hefezopf

5oo g Weizen	
1 TL Anissamen	
1 TL Korianderkörner	fein mahlen, mit
1 Päckchen	
Trockenbackhefe	sorgfältig vermischen
½ TL Salz	
3 EL Honig	
1 Ei	
1 Eiweiß	
75 g weiche Butter	
etwa 125 ml (⅛ l)	
lauwarme Milch	hinzufügen

alle Zutaten in der Küchenmaschine oder mit
Handrührgerät mit Knethaken zuerst auf der
niedrigsten, dann auf der höchsten Stufe in etwa
5 Minuten zu einem glatten Teig verarbeiten
kurz vor Beendigung der Knetzeit

125 g Rosinen	
1oo g Korinthen	
1oo g abgezogene,	
gehackte Mandeln	unterarbeiten

den Teig an einem warmen Ort so lange gehen
lassen, bis er sich sichtbar vergrößert hat, ihn dann
auf der Arbeitsfläche nochmals gut durchkneten,
in 3 Teile schneiden, die 3 Teigstücke zu Rollen von
jeweils etwa 4o cm Länge formen, zu einem Zopf
flechten, die Teigenden nach innen umschlagen,
den Zopf auf ein gefettetes Backblech legen

1 Eigelb	mit
1 EL Milch	verschlagen, den Zopf damit bestreichen, abge-

deckt an einem warmen Ort so lange gehen
lassen, bis er sich sichtbar vergrößert hat, das
Backblech in den Backofen schieben

Ober-/Unterhitze	175–2oo °C (vorgeheizt)
Heißluft	etwa 15o °C (nicht vorgeheizt)
Gas	Stufe 3–4 (vorgeheizt)
Backzeit	etwa 45 Minuten.

Gefüllte Brote führen immer zu einem „Aha-Erlebnis". Schon seit langem sind sie deshalb der Geheimtip auf jeder heißen Party und der Renner eines jeden zünftigen Picknicks. Kein Wunder, denn sie lassen sich hervorragend vorbereiten und bleiben lange frisch: innen saftig, außen kroß. Auch bieten sie für jeden Geschmack etwas. Sowohl Fleisch als auch Geflügel, Gemüse und auch Käse eignen sich nebst würzigen Kräutern für die Zubereitung pikanter Farcen. Man kann Freunde und Verwandte noch damit überraschen, „mehr" aus einem Brot zu machen, als solch ein Kraftpaket ohnehin schon zu bieten hat.

Kosakenbrötchen

(Foto Seite 98/99 –
für 1o-11 Stück)

125 g Roggen-Backschrot	mit
375 g Weizenmehl	
(Type 1o5o)	
1 TL Salz	in eine Schüssel geben
1 Würfel (42 g) Frischhefe	in
3oo ml lauwarmem Wasser	auflösen, mit
4o g weicher Butter	zu dem Mehlgemisch geben

alle Zutaten in der Küchenmaschine oder mit den Knethaken des Handrürgerätes zuerst auf der niedrigsten Stufe, dann auf der höchsten Stufe in etwa 5 Minuten zu einem glatten Teig verarbeiten, den Teig an einem warmen Ort so lange gehen lassen, bis er sich sichtbar vergrößert hat.

Für die Füllung

1 Brötchen vom Vortag	in
Wasser	einweichen, gut ausdrücken, mit
5oo g Gehacktem	
(halb Rind-, halb	
Schweinefleisch)	in eine Schüssel geben
1 Zwiebel	abziehen, fein würfeln
3 EL gemischte,	
gehackte Kräuter	
2 Eier	hinzufügen, mit
Salz	
frisch gemahlenem Pfeffer	
Paprika edelsüß	würzen, gut durchkneten

den gegangenen Teig auf der Arbeitsfläche nochmals gut durchkneten, in 2 Hälften teilen, jede Hälfte zu einem Rechteck von 3o x 36 cm ausrollen, dann in Rechtecke von 12 x 15 cm schneiden
die Füllung auf die Teigstücke verteilen, dabei einen etwa 1 1/2 cm breiten Rand frei lassen
die Ränder mit Wasser bestreichen
die Teigstücke von der längeren Seite her aufrollen, an den Schnittflächen fest andrücken
mit der Nahtstelle nach unten auf ein gut gefettetes Backblech legen
abgedeckt so lange gehen lassen, bis die Teigstücke doppelt so hoch sind

Kondensmilch	die Oberfläche der Teigstücke mit bestreichen, zickzackförmig einschneiden das Backblech in den Backofen schieben
Ober-/Unterhitze	2oo–22o °C (vorgeheizt)
Heißluft	18o–2oo °C (nicht vorgeheizt)
Gas	Stufe 4 (vorgeheizt)
Backzeit	3o–35 Minuten.

Buchteln mit Pilzfüllung

(Foto Seite 1o3 – 12 Stück)

4oo g Weizen	fein mahlen, mit
1 Päckchen Trockenbackhefe	sorgfältig vermischen
1 TL Meersalz	
2 Eier	
6o g weiche Butter	
15o g lauwarmen Joghurt	hinzufügen alle Zutaten in der Küchenmaschine oder Hand-rührgerät mit Knethaken zuerst auf der niedrigsten, dann auf der höchsten Stufe in etwa 5 Minuten zu einem glatten Teig verarbeiten den Teig an einem warmen Ort so lange gehen lassen, bis er sich sichtbar vergrößert hat.

Für die Füllung

1 Bund Frühlingszwiebeln	putzen, waschen, längs vierteln, in Würfel schneiden
5oo g Champignons	putzen, waschen, in kleine Würfel schneiden
25 g Butterschmalz	erhitzen, die Frühlingszwiebelwürfel darin andünsten, die Champignonwürfel hinzufügen, durchdünsten lassen, mit
Salz frisch gemahlenem Pfeffer	würzen, so lange im offenen Topf dünsten lassen, bis die Flüssigkeit verdampft ist die Füllung abkühlen lassen

(Fortsetzung Seite 1o2)

1 EL gemischte, gehackte Kräuter	unterrühren, nochmals mit Salz, Pfeffer abschmecken
1oo g Mozzarella oder alten Gouda	in 12 Stücke schneiden
	den gegangenen Teig nochmals auf der Arbeitsfläche gut durchkneten, in 12 Stücke schneiden, jedes Teigstück rund ausrollen
	jeweils 1 Eßlöffel von der Pilzfüllung darauf geben
	in die Mitte der Pilzfüllung je ein Käsestückchen setzen, den Teig über der Füllung zusammendrücken
	$2/3$ von
5o–6o g zerlassener Butter	in eine rechteckige, feuerfeste Form geben
	die Teigstücke hineinsetzen, mit der restlichen Butter bestreichen
	abgedeckt an einem warmen Ort so lange gehen lassen, bis sie sich sichtbar vergrößert haben, die Form auf dem Rost in den Backofen schieben
Ober-/Unterhitze	2oo–225 °C (vorgeheizt)
Heißluft	18o–2oo °C (nicht vorgeheizt)
Gas	Stufe 3–4 (vorgeheizt)
Backzeit	etwa 35 Minuten.

T I P

Die Buchteln als kleinen Imbiß zu Bier oder Wein oder als leichtes Hauptgericht mit Tomatensauce und Salat reichen.

Geschichtetes Zwiebelbrot

150 g Roggen	mit
100 g Hafer	
250 g Weizen	
1 TL Kümmelsamen	
1 TL Korianderkörnern	fein mahlen, mit
1 Päckchen Trockenbackhefe	
1 Päckchen Sauerteig-Extrakt	sorgfältig vermischen
1 TL Salz	
75 g weiches Schmalz	
etwa 375 ml (3/8 l) lauwarmes Wasser	hinzufügen

alle Zutaten mit Handrührgerät mit Knethaken zuerst auf der niedrigsten, dann auf der höchsten Stufe in etwa 5 Minuten zu einem glatten Teig verarbeiten, den Teig so lange gehen lassen, bis er sich sichtbar vergrößert hat

500 g Zwiebeln	abziehen, in Scheiben schneiden
50 g Schmalz	zerlassen, die Zwiebelscheiben darin hellgelb dünsten, erkalten lassen, mit
1 TL Kümmelsamen	
1 TL Oregano	würzen, den gegangenen Teig nochmals gut

durchkneten, in 20 Stücke schneiden, jedes Teigstück zu einem dünnen Fladen (Ø 8–10 cm) ausrollen
eine Auflaufform ausfetten, 4 Teigfladen hineinlegen
1/4 der Zwiebelmasse darauf verteilen, den Vorgang wiederholen, bis alle Zutaten eingeschichtet sind, die oberste Schicht sollte aus einem Fladen bestehen, die Fladen gut andrücken, abgedeckt an einem warmen Ort nochmals etwa 30 Minuten gehen lassen, mit

Wasser	bestreichen, mit
Kümmelsamen	bestreuen
Ober-/Unterhitze	etwa 200 °C (vorgeheizt)
Heißluft	etwa 170 °C (nicht vorgeheizt)
Gas	Stufe 3–4 (vorgeheizt)
Backzeit	etwa 1 Stunde

das gebackene Brot aus der Form stürzen und nochmals etwa 5 Minuten in den Backofen stellen.

Kräuter-Käse-Brot

Für den Teig

250 g Weizenmehl
(Type 1050)
250 g Weizenmehl
(Type 550)   in eine Rührschüssel geben, mit
1 Päckchen
Trockenbackhefe   sorgfältig vermischen
1 TL Zucker
1 TL Salz
frisch gemahlenen Pfeffer
etwa 250 ml (¼ l)
lauwarmes Wasser   hinzufügen
die Zutaten mit Handrührgerät mit Knethaken
zunächst auf niedrigster, dann auf höchster Stufe
in etwa 5 Minuten zu einem glatten Teig
verarbeiten, an einem warmen Ort so lange
gehen lassen, bis er sich sichtbar vergrößert hat.

Für die Füllung
4 Zwiebeln   abziehen, in Würfel schneiden
1 EL Margarine   zerlassen, die Zwiebelwürfel darin andünsten
1 Ei
100 g geriebenen
Gouda
5–6 EL gemischte,
gehackte Kräuter   unterrühren
den gegangenen Teig mit Mehl bestäuben, aus
der Schüssel nehmen, gut durchkneten, auf der mit
Mehl bestäubten Arbeitsfläche zu einem Rechteck
(30 x 40 cm) ausrollen, mit
1 EL weicher
Margarine   bestreichen, die Füllung gleichmäßig darauf
verteilen
die längeren Seiten des Teiges etwas einschlagen
den Teig von den kürzeren Seiten her zur Mitte
aufrollen
den Teig in eine gefettete Kastenform (30 x 11 cm)
geben

(Fortsetzung Seite 108)

	den Teig auf der oberen Seite auf beiden Rollen zickzackförmig etwa 1 cm tief einschneiden (nicht drücken)
	nochmals so lange an einem warmen Ort gehen lassen, bis er sich sichtbar vergrößert hat
1 Eigelb	mit
1 EL Wasser	verschlagen, den Teig damit bestreichen, in den Backofen schieben
Ober-/Unterhitze	175–200 °C (vorgeheizt)
Heißluft	etwa 150 °C (nicht vorgeheizt)
Gas	Stufe 3–4 (vorgeheizt)
Backzeit	40–50 Minuten.

Versunkenes Brokkolibrot

500 g Brokkoli	waschen, die Röschen von den Stielen trennen, die Stiele putzen und mit dem Pürierstab oder im Kompakt-Mixer fein zermusen, in einem Sieb abtropfen lassen
50 g Butter	
4 Eigelb	
1 TL Salz	
frisch gemahlenen Pfeffer	
geriebene Muskatnuß	
100 ml Schlagsahne	unter das Brokkolimus rühren
200 g Maismehl	mit
50 g Weizenmehl	
(Type 550)	
2 TL Backpulver	mischen, sieben, unter das Mus rühren
4 Eiweiß	steif schlagen, unterziehen
	eine große Kastenform mit
1 EL Butter	einfetten, mit
2 EL Sesamsamen	ausstreuen, die Hälfte des Teiges einfüllen, die Brokkoliröschen mit dem Stielansatz nach unten darauf verteilen, mit dem übrigen Teig bedecken, die Form auf den Rost in den Backofen schieben
Ober-/Unterhitze	etwa 200 °C (vorgeheizt)
Heißluft	etwa 170 °C (nicht vorgeheizt)
Gas	etwa Stufe 4 (vorgeheizt)
Backzeit	etwa 60 Minuten.

Griechisches Fladenbrot

*1 Beutel (5oo g)
Backmischung
Roggen-Mischbrot
1 Päckchen
Trockenbackhefe
3oo ml + 2 EL
lauwarmem Wasser*

Weizenmehl

*1oo g grobgehackte
Walnußkerne
125 g grüne, entsteinte,
ungefüllte Oliven
5o g kernige Haferflocken
5o g Röst-Zwiebeln
frisch gemahlenen,
schwarzen Pfeffer
Knoblauchsalz*

*Wasser
Mehl
Ober-/Unterhitze
Heißluft
Gas
Backzeit*

Den Teig aus

nach Vorschrift auf der Packung zubereiten,
gehen lassen, den Teig mit
bestäuben, aus der Schüssel nehmen, gut durchkneten, dabei

unterkneten
den Teig auf einem gefetteten Backblech zu einem
gleichmäßigen Fladen (3o cm) drücken, die obere
Seite des Teiges kreuzweise einritzen
den Teig nochmals so lange an einem warmen Ort
gehen lassen, bis er sich sichtbar vergrößert hat
den Teig mit
bestreichen, mit
bestäuben, in den Backofen schieben
etwa 2oo °C (vorgeheizt)
etwa 17o °C (nicht vorgeheizt)
Stufe 3–4 (vorgeheizt)
etwa 4o Minuten.

*Dazu zerlassene Butter mit
Knoblauch servieren.*

Bauernbrot „Calzone"

360 g Brotmischung *1 Päckchen* *Trockenbackhefe* *250 ml (¼ l) Wasser*	mit nach der Vorschrift auf der Packung verarbeiten, 15 Minuten an einem warmen Ort gehen lassen, den Teig halbieren, auf bemehlter Arbeitsfläche zu zwei runden Platten von etwa 22 cm Durchmesser ausrollen eine Platte auf ein mit Backpapier ausgelegtes Blech legen
4 Eier *200 g alten Gouda* *6 Mini-Salamis (150 g)*	7 Minuten kochen, abschrecken, pellen von der Rinde befreien, in dünne Scheiben hobeln in 1 cm lange Stückchen schneiden die Teigplatten mit der halben Käsemenge bedecken, einen Rand von etwa 3 cm frei lassen, die Eier in der Mitte sternförmig anordnen, dazwischen und rundherum die Salamistücke verteilen, mit Käse bedecken mit
2 EL zerdrücktem *Käsegebäck*	bestreuen eine zweite Teigplatte darauf legen, rundherum andrücken, den freien Rand der unteren Platte wie eine Krempe über die Nahtstellen ziehen, mit
Wasser	bestreichen den Teig mit einem Tuch bedecken, nochmals 30 Minuten an einem warmen Ort gehen lassen, mit Wasser bestreichen und mit
Weizenmehl *Ober-/Unterhitze* *Heißluft* *Gas* *Backzeit*	bestäuben, in den Backofen schieben 200–220 °C (vorgeheizt) etwa 160 °C (nicht vorgeheizt) Stufe 3–4 (vorgeheizt) etwa 45 Minuten.

 Das Brot evtl. in einer Springform backen. Während des Backens eine Schale mit heißem Wasser auf den Boden des Backofens stellen. Das Bauernbrot „Calzone" schmeckt je nach Belieben heiß oder kalt und kann beispielsweise zum Picknick mitgenommen werden.

Überraschungs-Brioches

(8 Stück)

	Für den Teig
2o g frische Hefe	in
4 EL lauwarmem Wasser	auflösen, mit
1 TL Zucker	verrühren, 15 Minuten an einem warmen Ort gehen lassen, diesen Vorteig mit
3oo g gesiebtem Weizenmehl (Type 55o) ½ TL Salz	
2 verquirlten Eiern	verrühren
15o g kalte Butter	in Stückchen mit Handrührgerät mit Knethaken unterkneten, bis der Teig elastisch und glänzend von den Haken reißt, den Teig mit
1 EL Weizenmehl	bestäuben, mit einem Tuch abdecken, über Nacht kühl ruhenlassen, bis er sich sichtbar vergrößert hat, 8 Brioche-Förmchen mit
weicher Butter	dick einpinseln, den Teig nochmals schnell durchkneten, in 16 gleiche Teile trennen, Kugeln formen, in jedes Brioche-Förmchen eine Kugel geben, an den Rändern hochdrücken, so daß in der Mitte eine Mulde entsteht
8o g Thüringer Mett	halbieren, jeweils in zwei Brioches füllen
4o g Gänseleberpastete	halbieren, jeweils in zwei Brioches füllen
8o g Kräuter-Doppelrahm-Frischkäse	halbieren, jeweils in zwei Brioches füllen
8o g geriebenen Edamer	halbieren, jeweils in zwei Brioches füllen mit den 8 zurückbehaltenen Kugeln bedecken, die Ränder andrücken, die Brioches mit
1 verschlagenen Eigelb	bestreichen, 1–2 Stunden gehen lassen, auf dem Rost in den Backofen schieben
Ober-/Unterhitze	2oo–225 °C (vorgeheizt)
Heißluft	etwa 18o °C (nicht vorgeheizt)
Gas	Stufe 3–4 (vorgeheizt)
Backzeit	3o–35 Minuten.

Geschichte des Brotes

So unterschiedlich die Menschen und die Kulturen dieser Erde auch sein mögen, eines gilt den meisten – egal in welcher Form – als Grundnahrungsmittel: das Brot. Und das seit mehr als 8000 Jahren. Damals schon, so glauben Wissenschaftler, sammelte man Getreide, um es zu zerstampfen und mit Wasser zu einem nahrhaften Brei zu verrühren. Später wurde der Brei dann zu Fladen geformt, die man auf heißen Steinen trocknete und vermutlich gleich warm verspeiste.

Weitaus fundierter als diese Annahmen sind jene Aufzeichnungen, die Archäologen im Orient, in China, in Indien und vor allem in Ägypten entdeckten. Daraus geht hervor, daß diese Hochkulturen schon vor 6000 Jahren verschiedene Getreidearten kannten und entsprechend nutzten. Weizen, Gerste und Hirse wurden professionell angebaut und lieferten genug Material, um daraus verschiedene Brotsorten herzustellen. Mehr als 30 waren z.B. im alten Ägypten bekannt. Wobei dort wie anderswo galt: Das beste und feinste Brot war für den Herrscher gerade gut genug. Soldaten und Volk mußten sich mit den geringerwertigen Sorten begnügen.

Den Nord- und Westeuropäern war dies alles unbekannt. Bis zum 8. Jahrhundert n. Chr. löffelten sie brav ihren Brei. Doch je mehr Neuigkeiten aus anderen Ländern einsickerten, je intensiver der Handel zwischen Nord und Süd wurde, um so stärker nahm das Interesse an jenen Dingen zu, die das tägliche Einerlei auf dem Tisch bereichern konnten. Immerhin kannte man zu jener Zeit im Orient schon das Geheimnis des Sauerteiges, und die Griechen verfeinerten ihre Brote längst mit Milch, Eiern, Fett und Gewürzen. Als dann auch noch die Gallier in der Hefe im wahrsten Sinne des Wortes ein wundervolles Triebmittel entdeckten und mit geradezu bombastischen Brotlaiben für Furore sorgten, hatte der fade Getreidebrei ein für allemal ausgesorgt.

Brot, vor allem aus Roggenmehl, wurde im 12. und 13. Jahrhundert zum wohl wichtigsten Nahrungsmittel der Bevölkerung. Egal ob arm oder reich, an Brot kam keiner mehr vorbei. Den Bäckern, die sich in mächtigen Zünften zusammenschlossen, war dies nur recht. Sie wetteiferten mit immer neuen Rezepturen um die Gunst der Käufer. Es galt: Wer in Lohn und Brot stand, mußte sich ums Überleben keine Gedanken mehr machen. Es sei denn, die Herrschenden versuchten wieder einmal, ihren Untergebenen den Brotkorb höher und höher zu hängen ...

Bis ins 19. Jahrhundert hinein war es selbstverständlich, daß man dunkles Brot aß. Backwaren aus Auszugsmehlen blieben in ihrer feinen, weißen Erscheinungsform das Privileg der Reichen. Der sich immer mehr etablierenden Mittelschicht war dies bald ein Dorn im Auge. Der gutsituierte Bürger der Neuzeit wollte nicht länger „kleine Brötchen backen" und bestellte auch für sich „weiße Brote". Dieser sozialen Entwicklung ging eine wirtschaftliche voraus. Die Menschen wanderten wegen vermeintlich besserer Arbeitsbedingungen vom Land in die Stadt. Die neuen Ballungsräume mußten versorgt werden. Zentrale Großmühlen entstanden. Die Transportzeit des Mehls wurde dadurch länger, das Mehl mußte also länger lagerfähig sein. Deshalb entfernte man kurzerhand die verderblichen Bestandteile des Korns wie Keimling und Aleuronschicht, was einen erheblichen Verlust an essentiellen Fett- und Aminosäuren, an Vitaminen, Mineral- und Ballaststoffen zur Folge hatte. Trotzdem – oder gerade deshalb – wurden helle Brote echte Verkaufsschlager.

Unsinnigerweise nahmen – und nehmen – viele Menschen, um den eklatanten Mangel an Ballaststoffen, der unter anderem zu Verstopfung führt, wieder auszugleichen, Kleie zu sich. Welch irrwitziger Umweg für denjenigen, der eine gesunde Ernährung anstrebt. Schließlich ist Kleie eben jener Bestandteil der Fruchtschale des Korns, die bei den Weißmehlen entfernt wird. Wer Vollkornmehl benutzt, braucht keine Kleie, muß keinen ernährungsphysiologischen Schleichweg suchen. Nicht umsonst hat die neuzeitliche Vollwertkost, die grundsätzlich Produkte aus vollwertigem Getreide benutzt, solch einen Zulauf. Gesundheit und Ernährung sind nicht trennbar. Sie stecken gemeinsam das Feld moderner Koch- und Backkunst ab, auf dem es sich herrlich experimentieren läßt. Das gilt vor allem für unser täglich Brot, das mit dem simplen Fladen der Urzeit nur noch wenig zu tun hat. Kein Wunder, daß der Bundesbürger da gern zubeißt und laut Statistik 80 Kilogramm Brot pro Jahr verspeist. Das sind immerhin vier Scheiben Brot und ein Brötchen am Tag!

Getreide aufs Korn genommen

Getreide wie Roggen, Weizen, Gerste, Reis, Hirse und Mais sind seit Jahrhunderten die Nahrungsgrundlage der Menschen. Getreide enthält außer seinem hohen Anteil an Kohlenhydraten wertvolles Protein, ungesättigte Fettsäuren, Mineralstoffe, die Vitamine B_1, B_2, B_6, Folsäure, ß-Carotin und einen erheblichen Anteil an Ballaststoffen.

Ein Getreidekorn besteht aus:
Mehlkörper: Er ist vorwiegend stärkehaltig und enthält hochwertiges Eiweiß.

Keimling: Befindet sich seitlich am Mehlkörper. Er ist reich an Eiweiß, Fett, Vitaminen und Mineralstoffen.

Aleuronschicht: Sie umgibt Mehlkörper und Keimling. Die Aleuronschicht enthält Reserveeiweiß, Öltröpfchen, Vitamine und Mineralstoffe.

Fruchtschale: Sie umhüllt die Aleuronschicht und bietet dem Getreidekorn Schutz gegen äußere Einflüsse. Die Fruchtschale besteht vor allem aus dem Ballaststoff Cellulose.

Getreidearten

Weizen ist das wichtigste und am meisten verwendete Getreide. Weizenmehl, das nur aus dem Mehlkörper hergestellt wurde, bei dem also die wertvollen Außenschichten und der Keim fehlen, hat einen großen Teil qualitativ hochwertiger Stoffe verloren. Wesentlich besser ist daher Mehl aus ganzem Korn, das sogenannte Vollkornmehl.

Roggen ist die zweitwichtigste und dunkelste Getreideart. Er wird überwiegend zur Brotherstellung eingesetzt. Roggen ist reich an B-Vitaminen und Mineralstoffen.

Hafer gehört zu den Spelzgetreiden und muß enthülst werden. Er ist reich an Vitaminen, Mineralstoffen, hochwertigem Eiweiß und hat einen relativ hohen Anteil an qualitativen Fettsäuren.

Gerste zählt neben Weizen zu den ältesten Getreidearten. Ihr Mehlkörper

ist besonders reich an Mineralstoffen wie Kalium, Calcium, Phosphor und Kieselsäure.

Hirse ist eine kleinkörnige, aber sehr wertvolle Getreidesorte. Sie braucht zum Gedeihen sandige Böden und viel Wärme. Reife Hirse enthält viel Mineralstoffe, darunter Magnesium, Eisen, Fluor und Kieselsäure.

Mais, auch bekannt als Kukuruz oder türkischer Weizen, gilt neben Reis und Weizen als wichtigstes Getreide. Mais enthält allerdings weniger Eiweiß als die übrigen Getreidesorten. Vor allem fehlt ihm das zum Backen wichtige Klebereiweiß.

Reis zählt zu den ältesten Nahrungsmitteln, die wir kennen. Es gibt unzähli-

ge Reissorten von unterschiedlichster Qualität. Dem geschliffenen, geschälten Weißreis, der häufig verwendet wird, ist der braune Naturreis allerdings vorzuziehen. Denn durch das Entfernen des sogenannten „Silberhäutchens" verliert der Weißreis den größten Teil seiner lebenswichtigen Inhaltsstoffe. Einen relativ hohen Vitamingehalt hat dagegen noch der Parboiled Reis. Die Inhaltsstoffe seiner Silberhaut werden nämlich durch ein Spezialverfahren ins Korninnere verlagert und bleiben dadurch erhalten.

Buchweizen ist ein Knöterichgewächs. Seine Körner haben eine dreieckige Form. Der Buchweizen war lange Zeit in Vergessenheit geraten, ehe ihn die Vollwertküche wiederentdeckte. Buchweizen ist nämlich leicht verdaulich und liefert für den menschlichen Organismus wichtige Mineralien, Vitamine und Lecithin.

Dinkel und **Grünkern** sind enge Verwandte des Weizens. Weil er besonders viel Klebereiweiß enthält, wird Dinkel gern zur Brotherstellung genutzt. Halbreife Körner des Dinkels kommen als „Grünkern" auf den Markt.

Mehltypen

Bei der Herstellung von Mehl werden je nach Mehlsorte das ganze Korn oder aber nur ein Teil des Korns vermahlen. Je nach Ausmahlungsgrad werden Mehle in verschiedene Typen unterteilt. Die jeweilige Mehltype gibt den Mineralstoffgehalt in mg pro 1oo g Mehltrockensubstanz an. Je höher ein Mehl

ausgemahlen ist (z.B. Type 16oo), um so mehr mineralstoffhaltige Randschichten, Vitamine und Ballaststoffe enthält es. Dem gegenüber stehen die niedrig ausgemahlenen Auszugsmehle mit entsprechender kleinerer Typenzahl. Type 4o5 ist ein feines, weißes Kuchenmehl, das sich sowohl zum Backen als auch zum Kochen eignet. Das Mehl besteht in erster Linie aus Stärke und Klebereiweiß, das ganz hervorragende Backeigenschaften besitzt. Sein Gehalt an essentiellen Aminosäuren ist dagegen äußerst gering. Da der Vitamin-, Mineralstoff- und Ballaststoffgehalt bei allen Mehlen der Type 4o5 ohnehin niedrig ist, ist es ernährungsphysiologisch gesehen wenig wertvoll.

Doppelgriffiges Mehl gilt als Spezialsorte, die in der Körnung etwas gröber als das herkömmliche Haushaltsmehl, allerdings genauso weiß ist. Es wird hauptsächlich zum Backen von Hefeteig empfohlen, denn doppelgriffiges Mehl nimmt Flüssigkeit nur langsam auf, was den Teig gut quellen läßt.
Weil es ein anderes Volumen als Haushaltsmehl hat, sollte es nicht im Meßbecher abgemessen werden, sondern auf der Waage.

Type 55o unterscheidet sich optisch kaum vom gängigen Haushaltsmehl der Type 4o5, obwohl für diese Mehlsorte etwas mehr vom Korn vermahlen wird. Es ist daher auch nur in wenigen Lebensmittelläden erhältlich.

Type 1o5o liegt im Vitamin- und Mineralstoffgehalt etwa in der Mitte zwischen Vollkorn- und Weißmehl. Das von Natur aus dunklere Mehl wird mittelstark ausgemahlen und ist kräfig im Geschmack. In fast jedem Rezept ist es – ohne daß die Backergebnisse gravierend geändert würden – zur Hälfte gegen die Type 4o5 austauschbar.

Type 16oo ist ein dunkles, im Geschmack kräftiges, stark ausgemahlenes Weizenmehl. An der hohen Typenzahl erkennt man schon den großen Anteil wertvoller Randschichten. Daher ist es eigentlich auch nicht mehr als Mehl, sondern eher als recht grobkörniges Schrot zu bezeichnen. Zum Kuchenbacken ist es also weniger geeignet. Im Vitamin- und Mineralstoffgehalt kommt die Type 16oo dem Vollkornmehl erfreulich nahe.

Vollkornmehl ist die einzige Mehlsorte, die keine Typenzahl ausweisen muß. Denn in diesem Mehl sind grundsätzlich – wie der Name schon sagt – alle Bestandteile des Korns und damit alle gesunden Vitamine, Mineral- und Ballaststoffe enthalten. Vollkornmehle eignen sich, vorausgesetzt sie sind fein gemahlen, für fast alle Teige. Allerdings wird das Backwerk weniger locker und braucht mehr Flüssigkeit.

Roggenmehl besitzt im Gegensatz zum Weizenmehl keinen auswaschbaren Kleber. Seine Backfähigkeit ist daher eingeschränkt. Roggenmehl darf wie Weizenmehl nur in bestimmten Mehltypen in den Handel kommen.

Die Lagerung

Getreide sollte trocken und am besten bei 18–2o °C gelagert werden. Feuchtes Getreide ist ein guter Nährboden für Schimmelpilze und Schadinsekten. Zudem muß Getreide zum Mahlen so trocken sein, daß es bei Druck mit einem Löffelstiel auf einer harten Unterlage zerbricht. Bei feuchtem Getreide läuft man Gefahr, daß es das Mahlwerk verklebt. Damit die Sauerstoffzufuhr gewährleistet ist, muß Getreide luftig aufbewahrt werden. Also das Getreide nicht in Plastiktüten verstauen. In Jute- und Leinensäcken, Kartons und offenen Holzkisten hält es allerdings gut 2 Jahre. Das gelagerte Getreide sollte man zwischendurch regelmäßig kontrollieren. Weizenmehle mit niedriger Typenzahl sind mehrere Jahre haltbar, wenn sie kühl und trocken gelagert werden. Demgegenüber ist die Haltbarkeit von Vollkornmehlen nur begrenzt. Grund ist ihr hoher Fettgehalt. Auch Mehl sollte nicht luftdicht verschlossen, also keinesfalls in Plastiktüten oder fest schließenden Dosen aufbewahrt werden. Am besten sind Papiertüten oder Porzellangefäße, die locker verschlossen werden.

Getreidemühlen

Wer einmal frisch gemahlenes Getreide gerochen hat, wird den Duft nicht so schnell vergessen. Auch der gesundheitliche Wert ist bei frischem Mehl und Schrot am größten, da die Vitamine im Laufe der Zeit abnehmen. Für den, der gern Brot backt oder täglich sein Müsli verzehrt und den Wert des vollen Korns haben möchte, lohnt sich die Anschaffung einer Getreidemühle. Die einzelnen Mühlen unterscheiden sich durch Art und Material ihrer Mahlwerke. Es gibt Handmühlen und elektrisch betriebene Mühlen. Folgende Mahlwerke werden unterschieden:

Scheibenmahlwerke: Zwei horizontal oder vertikal angebrachte Scheiben vermahlen das Korn durch Druck und Reibung.

Kegelmahlwerke: Zwei ineinander gesetzte Kegel vermahlen das Korn durch Druck und Schneidewirkung. Kegelmahlwerke belasten den Motor

allgemein weniger als Scheibenmahlwerke. Mahlwerke bestehen aus Stein, Stahl oder Keramik: Mahlwerke aus Stein sind in der Regel Scheibenmahlwerke.

Steinmahlwerke eignen sich nur für Getreide. Ölsaaten können die Mahlwerke verkleben. Das gleiche gilt für feuchtes Getreide.

Mahlwerke aus Stahl werden in Kegel- oder Scheibenform angeboten. Der Feinschrot ist nicht ganz so flockig, besitzt aber genügend Mehlanteil zum Backen. Stahlmahlwerke eignen sich für Ölsaaten und Getreide. Sie sind allgemein unproblematischer: Die Erwärmung beim Mahlen ist geringer,

sie verkleben nicht so schnell durch feuchtes Korn, und Steinchen können ihnen kaum etwas anhaben.

Mahlwerke aus Keramik entsprechen vom Bau her den Kegelmahlwerken und von den Eigenschaften Steinmahlwerken. Ob man sich für eine Handmühle oder eine elektrische Getreidemühle entscheidet, ist Ansichtssache und eine Frage der Energie – nicht zuletzt der eigenen.

Getreide-Handmühlen sind zur Herstellung von geringen Mengen Schrot und für das tägliche Müsli geeignet. Bei größeren Mengen kann der „Müller" allerdings ganz schön ins Schwitzen kommen.

Elektrische Mahlvorsätze können auf einige Küchenmaschinen montiert werden. Es muß geprüft werden, ob die Küchenmaschine einen längeren Einsatz der Getreidemühle verkraftet.

Elektrische Getreidemühlen sind am bequemsten, und während des Mahlens kann man sich anderen Dingen widmen. Beim Kauf sollten Sie neben den Mahlwerken auch auf praktische Handhabung, gute Reinigungsmöglichkeit, Belastbarkeit, Gewicht und die Feineinstellung achten.

Teiglockerungsmittel

Wie gut das Brot ist, wenn es aus dem Backofen kommt, entscheidet sich bereits bei der Bearbeitung des Teiges. Je lockerer der Teig, um so besser das Backergebnis. Locker wird der Teig zum einen durch Rühren, Schlagen oder Kneten, zum anderen durch natürliche (Hefe, Sauerteig, Sekowa-Backferment) oder chemische Triebmittel (Backpulver, Hirschhornsalz, Pottasche). Alle Triebmittel entwickeln bei der Teigherstellung Kohlendioxid, das durch Bildung feiner Poren den Teig lockert.

Sauerteig

Die älteste Form der Teiglockerung ist die Sauerteiggärung. Sie ist für die Herstellung von dunklen und kleberreichen Broten (zum Beispiel Roggenbrot) geeignet. Die Teiglockerung wird hervorgerufen durch alkoholische Gärung, die die Kohlenhydrate des Getreidemehles in Alkohol und gasförmiges Kohlendioxid verwandelt. (Der Alkohol verflüchtigt sich beim Backen.) Zum anderen durch Milchsäuregärung, bei der Kohlenhydrate des Mehls in Milchsäure umgewandelt werden. Letzteres verleiht dem Brot den erwünschten feinsäuerlichen Geschmack. Sauerteig gibt es fertig als Extrakt oder angesetzt beim Bäcker. Er kann auch in drei Stufen selbst hergestellt werden. Dazu wird benötigt:
400 g Roggenmehl,
400 ml Wasser.

1. Stufe (Ansatz)
1oo g Roggenmehl
1oo ml lauwarmes Wasser

Das Mehl mit gut handwarmem Wasser (etwa 4o °C) in einer Schüssel verrühren, mit einem Tuch bedecken, in eine Plastiktüte stecken. An einem warmen Ort mit etwa 2o °C etwa 24 Stunden gehen lassen.

2. Stufe

1oo g Roggenmehl
1oo ml lauwarmes Wasser

Die beiden Zutaten mit dem Sauerteigansatz verrühren, nochmals 24 Stunden zugedeckt an einem warmen Ort gehen lassen.

3. Stufe

2oo g Roggenmehl
2oo ml lauwarmes Wasser

Mehl und Wasser gut verrühren, unter den Sauerteigansatz geben, gut mischen, nochmals zugedeckt 24 Stunden gehen lassen. Den restlichen Sauerteig entweder einfrieren oder mit soviel Mehl verkneten, daß ein krümeliger Teig entsteht. Dieser „Krümelsauer" ist im Kühlschrank etwa 1 Monat haltbar. Für die Weiterverwendung wird er dann wieder mit Wasser verrührt, bis er die gleiche Konsistenz des ursprünglichen Sauerteiges erreicht hat.

Hefeteig

Im Handel sind Frischhefe und Trockenbackhefe erhältlich. Trockenbackhefe ist in einem Spezialverfahren haltbar gemacht und hat außerdem den zeitsparenden Vorteil, daß sie nicht angerührt oder im „Vorteig" angesetzt werden muß. Hefeteig wird durch Einwirken von Hefepilzen gelockert. Wärme und gutes Kneten spielen bei diesem Prozeß eine wichtige Rolle.

Das Kneten des Hefeteiges bewirkt durch Einschlagen von Luft eine besonders wirkungsvolle Verbindung aller Zutaten untereinander. Die Hefe wandelt dabei Zucker und Mehl (Stärke), also Kohlenhydrate, in Kohlensäure und Alkohol um und verursacht dadurch die gewünschte Teiglockerung.

Ihre volle Treibkaft entfaltet die Hefe nur in Gegenwart von Wärme. Vor allem die Flüssigkeit (Milch oder Wasser) sollte daher richtig temperiert sein. Zu heiße Flüssigkeit würde die Hefezellen abtöten. Milch und Wasser sollten handwarm sein und etwa 37 °C haben, die übrigen Zutaten möglichst Raumtemperatur. Um die Wärme gleichmäßig über den Teig zu verteilen, empfiehlt es sich, die Flüssigkeit während des Rührens nach und nach hinzuzugeben.
Das Backen mit Hefe erfordert eine gewisse Erfahrung. Denn der richtige Zeitpunkt der Teiggare muß abgepaßt werden, um beim anschließenden Backen ein gutes Ergebnis zu erzielen. Zum Beschleunigen der Gärung empfiehlt es sich, den Teig an einen Ort zu stellen, der vor Zugluft geschützt ist (z.B. Gas- oder Elektroherd):

Gas: Auf Stufe 8 drei Minuten vorheizen. Flamme ausdrehen, Schüssel mit Teig so lange hineinstellen, bis er sich sichtbar vergrößert hat.

Strom: Auf etwa 5o °C einschalten, Schüssel mit Teig so lange hineinstellen, bis er sich sichtbar vergrößert hat.

Backhitzen

Die in den Rezepten angegebenen Backzeiten können immer nur Durchschnittswerte sein, denn in jedem Herd sind die Bedingungen etwas anders. Daher empfiehlt es sich, gegen Ende der Backzeit öfter nach der Backware zu sehen.

Elektroherd mit Ober- und Unterhitze: Grundsätzlich muß der Elektroherd erst auf die gewünschte Backtemperatur gebracht werden, bevor man den Teig mit der Brotbackform einschiebt. Sobald man den Regler eingeschaltet hat, leuchtet eine Kontrollampe auf, die erst erlischt, wenn die gewünschte Temperatur erreicht ist.

Gasbacköfen: Bei Gasherden sorgt der Temperaturregler für den Gasdurchgang, der erforderlich ist, um die eingestellte Temperatur zu halten. Die Rezepte in diesem Buch sind – wenn nicht anders angegeben – auf ein Vorheizen des Backofens ausgerichtet.

Heißluftherde: Ein Vorheizen ist überflüssig. In ihnen strömt die heiße Luft von allen Seiten um das Backgut. Deshalb kann man im Heißluftherd mit etwas niedrigeren Temperaturen (2o–3o °C weniger) auskommen. Gerade bei diesen Herden ist es wichtig, die Hinweise des jeweiligen Herstellers genau zu beachten.

Tips rund ums Brot

– Den Teig lieber etwas länger als zu kurz kneten: Von Hand mindestens 2o Minuten, mit dem Handrührgerät etwa 5 Minuten kneten. Hinzu kommt dann noch ein sorgfältiges Nachkneten mit der Hand. Das gute Durchkneten des Teiges ist wichtig für eine feine Pore. Und nur so wird das Brot angenehm locker.

– Damit der Teig später gut quellen kann, sollte er zu einer elastischen, geschmeidigen Masse verknetet werden. Merke: eine weiche Konsistenz ist immer besser als ein zu fester Teig. Eventuell kann man vor dem Formen immer noch etwas Mehl hinzufügen.
– Wenn der Brotteig gut gegangen ist, sollte er sofort in den Backofen

geschoben werden. Kommt der geformte Brotteig zu spät in den Ofen, kann er seine Form verlieren, fällt zusammen und wird klitschig.
– Wichtig ist, während des Backvorganges eine Schale mit Wasser in den Backofen zu stellen. Das verhindert das Austrocknen des Teiges und begünstigt ein gleichmäßiges Garen.

– Schön kroß wird die Kruste, wenn Sie das Brot kurz vor Beendigung der Backzeit mit etwas Wasser bestreichen. Wer Milch benutzt, erhält ein mattglänzendes Ergebnis. Ein goldbraunes Äußeres erzielen Sie, wenn Sie die Backware mit Eigelb bestreichen. Mit Salz verrührtes Eigelb ist allerdings nur empfehlenswert für Gebäcke kürzerer Backzeit, weil die Oberfläche sonst zu stark bräunt. Wird die Kruste vorzeitig zu dunkel, kann man sie mit Alufolie abdecken.

– So machen Sie die Garprobe: Das Brot an der Unter- und Oberseite mit der Hand abklopfen. Wenn es hohl klingt, ist das Brot gar. Andernfalls muß es noch einmal in den Backofen.

So bleiben Brot und Brötchen länger frisch

Entscheidend für die Frische eines Brotes sind immer die verwendeten Mehle und Backzutaten. Im allgemeinen eignen sich dunkle Brote besser zur Lagerung als helle. Allerdings erhöht bei Weizenbroten ein Zusatz von Fett die Haltbarkeit.

Damit selbstgebackene Brote möglichst lange frisch und lecker bleiben, hier ein paar Tips:

– Zur Aufbewahrung eignen sich am besten Behälter, die luftdurchlässig

sind: Brotfächer, Brotkästen oder ein Steinguttopf, in den das Brot mit der Aufschnittfläche nach unten gelegt wird, sind ideal, vorausgesetzt, es bleibt nicht zu lange darin, denn dann wird das Brot hart.

– Brötchen lagern am besten an der Luft oder in sehr durchlässigen Tüten und Netzen, da die „Rösche" ein Qualitätsmerkmal für die Krustenbeschaffenheit – mit dem Feuchtigkeitsaustausch zwischen dem Brötcheninneren und der Außenluft zusammenhängt.
– Brot gehört nicht in den Kühlschrank! Denn bei Temperaturen zwischen 3–5 °C verdunstet die Brotfeuchtigkeit viel leichter als bei normaler Zimmertemperatur von 18–2o °C. Die Folge: Brot und Brötchen werden schneller altbacken.

– Einfrieren kann man Brot und Brötchen ohne weiteres. In der Gefriertruhe oder im Tiefkühlfach des Kühlschrankes kann verpacktes Brot einige Wochen lagern. Dabei sollte man immer darauf achten, möglichst ofenwarme Ware schnell auf unter -18 °C abzukühlen. Das sogenannte „Schockfrosten" bewirkt, daß die Konsistenz der Backware weitgehend erhalten bleibt.

– Um dem ärgsten Widersacher der Brote, dem Schimmelpilz, vorzubeugen, muß stets auf Sauberkeit geachtet werden. Alte Reste und Krümel passen nicht zu frischem Brot: Sie begünstigen im Zusammenwirken mit Feuchtigkeit die gesund-

heitsschädigende Schimmelbildung. Daher sollte der Brotbehälter alle ein bis zwei Wochen mit einer Essiglösung (ein Teil Essig auf neun Teile Wasser) gereinigt und anschließend sorgfältig trockengerieben werden.

Kapitelregister

Umwelthinweis

Dieses Buch und der Schutzumschlag wurden auf chlorfrei gebleichtem Papier gedruckt. Die Einschrumpffolie – zum Schutz vor Verschmutzung – ist aus umweltfreundlicher und recyclingfähiger PE-Folie.

Wenn Sie Anregungen, Vorschläge oder Fragen zu unseren Büchern haben, rufen Sie uns unter folgender Nummer an (o5 21) 52 o6 42 oder schreiben Sie uns. Wir antworten umgehend:

Ceres Verlag
Rudolf August Oetker KG
Redaktion
Postfach 1o o3 85
335o3 Bielefeld

Copyright

© 1993 by Ceres Verlag, Rudolf August Oetker KG, Bielefeld, überarbeitete Neuauflage 1995

Redaktion

Carola Reich

Fotos

Titelfoto

Brigitte Wegner, Bielefeld

Foodstyling

Claudia Glünz-Wunder, Nordhorn

Innenfotos

Thomas Diercks, Hamburg
Herbert Maass, Hamburg
Christiane Pries, Borgholzhausen
Bernd Wohlgemuth, Hamburg

Kapiteltexte und Ratgeber

Doris Pieper, Rheda-Wiedenbrück

Gestaltung

Kontur Design, Bielefeld

Satz

adrupa, Paderborn

Reproduktionen

Mohndruck Graphische Betriebe GmbH, Gütersloh

Herstellung

Mohndruck Graphische Betriebe, Gütersloh

Nachdruck, auch auszugsweise, nur mit unserer ausdrücklichen Genehmigung und mit Quellenangabe gestattet.

ISBN

3-767o-o542-5